◎ 告人與被告都要注意的細節 ◎

圖解 刑事訴訟

第一次打刑事官司就OK！

《第四版》

法學博士
錢世傑 著

追求最易懂的考用書

自從開始撰寫國家考試圖解書籍系列,從刑法、民法、行政法、憲法,一直到法學緒論,幾乎可以想到的基本法律書籍都已經寫過了。刑事訴訟法這本書,算是最早期出版的書籍,原本屬於「第一次打官司就OK」的系列,因為反應良好,逐步地將內容加深、變廣,並增加考試題目的類型,成為目前「國家考試的第一本書」,逐漸與「第一次打官司就OK」的系列區隔。

筆者早期的研究領域偏向刑事訴訟法,再加上工作的關係,可以用許多實際的案例將訴訟程序輕鬆描繪,也因此許多圖解的內容都很到位,讓比較沒有機會接觸刑事訴訟程序的讀者,能夠很快地瞭解刑事訴訟程序的概況。

複雜的訴訟制度

刑事訴訟法的學說爭論雖然不多,但還是有很多讓人頭痛的理論,諸如單一性、同一性,這種讓人一想就煩惱的理論,再加上法律文字上的咬文嚼字,也加深了刑事訴訟法學習上的挫折感。

本書既然隸屬於「第一次打官司就OK」系列,所以並不深究學說上的理論,重點在於如何讓讀者快速地透過圖解的方

式，理解刑事訴訟法的程序與概念。在筆者出版的三階段「理解→記憶→應用」的書系中，屬於「理解」階段的書籍。

法庭旁聽是不錯的方式

　　刑法與刑事訴訟法，兩者一為實體法，一為程序法。刑法的內容是犯罪者是否構成要件該當特定之罪名，例如殺人罪必須具備「殺」、「人」等要件；刑事訴訟法則並不是討論特定行為是否成立刑法罪名的法律，主要是建立一套保障人權、追求正義的調查、審判程序，例如哪些人可以審判，該怎麼訊問，哪些證據才可以採用，判決、上訴的程序等，與刑法並不相同，程序上的事項有些繁雜，一定要跑過一次流程才會大概瞭解這些規定的目的。所以，建議各位讀者可以就近前往居住縣市的法院，只要門打開的就進去旁聽，多聽幾個案子，比照一下刑事訴訟法的規定，相信對學習刑事訴訟法相當有幫助，也更能夠理解實務上運作的流程。

錢世傑

中華民國 110 年 11 月 11 日

目録

目録

第七篇

上訴與抗告

目錄

第一篇
基本概念篇

1 認識刑事訴訟的流程

▶ 基本概念

刑事是最嚴厲的處罰方式，例如死刑、無期徒刑等。還記得周潤發主演的「監獄風雲」，獄中的惡勢力在典獄長的縱容下，即使是輕罪入獄的新犯人，也遭到百般欺凌，劇中的血腥暴力讓觀眾緊張地難以喘口氣。假如你是刑事案件的被告，當然擔心萬一被關到監獄中，會不會有類似的凌虐狀況。

基本上，刑事程序可以分成11篇，除了基本概念與原理原則外，主要是介紹偵查階段、審判階段以及執行階段。11篇之篇名，分別為「基本概念」、「告訴與告發」、「偵查程序」、「起訴」、「審判程序之基本概念」、「審判程序之進行」、「上訴與抗告」、「再審與非常上訴」、「執行程序」、「自訴」、「刑事附帶民事訴訟」。

當犯罪事實發生後，大多是由執法人員進行調查，偵查到一定階段時，則由檢察官向法院起訴，由法院進行審理，當事證明確，即由法院審判定罪，如為有罪，則進行執行程序，例如執行死刑、入監服刑。（如附圖）

刑事訴訟的流程

① 犯罪事實發生

② 偵查階段

③ 審判階段

④ 執行階段

Dr. J 說明　很多人搞不清楚程序，明明還在檢察官偵查階段，卻誤以為已經在法院審理階段，跑來問有關打官司的問題時，筆者就難以精確地回覆所需要的答案。例如：假設本應在偵查階段向檢察官爭取緩起訴，但是卻說成已經在審理階段，審理階段爭取的是緩刑，而非緩起訴，相關規定的論述就差蠻多的。（詳細內容請參照第10~11頁）

2 偵查階段

七億洗錢疑案、國務機要費案、SOGO案、林益世貪瀆案、南迴搞軌案、職棒假球案，這些案件生於臺灣的民眾都耳熟能詳，執法人員投入極大的心力發掘案件的真相，不論偵辦結果如何，辛苦的執法人員都值得民眾鼓勵。

犯罪事實發生後，偵查程序就會因為告訴、告發、自首等原因開始啟動，偵查階段主要是查明被告的犯罪事實。（刑訴§228 I）

原則上，偵查階段可以分成兩大部分，第一線的執法人員以及第二線的檢察官，第一線的執法人員在檢察官的指揮之下，進行偵查的作為。

一般而言，第一線的執法人員，以警察、調查官、海巡人員、憲兵等為主。（刑訴§229～231）

警察的人數最多，負責的業務也最廣，從一般的竊盜、強盜、殺人等刑事案件，還必須協助處理家庭暴力、夫妻吵架、大陸偷渡客、集會遊行、護照失竊、大陸人士來臺等繁雜的工作。

再以調查局為例，由於人力有限，所以偵辦的案件必須具備一定人數與受害金額方得受理。如理律法律事務所劉偉杰監守自盜30億元案，經調查局介入調查後，除確認由劉某所為，並積極釐清其洗錢手段與藏匿蹤跡。

偵查流程

第一線偵查機關
警察、憲兵、調
查人員、海巡
人員等

　　移（函）送 ➤

第二線偵查機關
檢察官為偵查主
體（檢察事務官
輔助偵查）

　　起　訴 ➤

法院審理
若發現確實的犯
罪事實，則由檢
察官起訴，移送
法院由法官審理

　　警方、調查局詳細的工作職掌，可參考各單位之網站，網站上也
有許多新的資訊可供參考：

單位名稱	網　　址
法務部調查局	http://www.mjib.gov.tw
內政部警政署	http://www.npa.gov.tw

調查局的執掌與警方類似，例如兩個單位都有偵辦經濟犯罪、電腦犯罪，但仍有許多不同點，例如調查局並不負責偵辦殺人、傷害、誹謗類型的刑事案件，但負責公務人員的肅貪工作、國家安全工作。

第二線則是檢察官，檢察官是偵查的主體，目前設有檢察事務官，協助檢察官進行案件的偵查。

▶ 檢察一體

所謂的檢察一體，是規範檢查作業體系之行政約束程序，依據法院組織法第63、64條規定，檢察長固然有指定檢察官辦案、強制更換承辦檢察官以及決定起訴與否的權力，但這些都是行政指揮與監督的「行政管理權力」，並不能影響檢察官獨立偵查之權力。換言之，檢察長有較高的指揮權，但並不表示檢察官就毫無獨立起訴之權力。

實務案例 李子春未經審核移送法院

臺灣司法史上曾發生一起李子春未經上級審核，就自行移送到法院的案例，檢察總長跳上火線說起訴無效，但是法官卻認為李子春是檢察官，其所提起之起訴即便沒有踐行內部程序，對於法院而言起訴當然有效。

▶ 行政的黑手伸入檢察體系

審檢分立，檢察官是站在國家的立場上追訴犯罪，與被告站在相對立的立場，彼此之間進行攻防，由法院針對雙方攻防之結果，以中立第三者的角色，判斷是否應將被告論罪科刑。

　　只是，檢察官仍為行政體系之一環，政治、行政的黑手往往以各種手段，意圖干預犯罪偵查之進行，我國民主發展的歷程中，總是看得到政治操弄的痕跡。96年間，法務部空前調動26位檢察長，部分人事調動，有懷疑是因為特定案件不願意配合上意而遭撤換。當時檢察體系為抗議政治力介入，連署掀起不合作運動，有三位檢察長率先發難，拒絕接任新職，也引發輿論動盪。檢察總長也爭議不斷，首位由總統提名、立法院通過的前檢察總長陳聰明，因道德操守引人質疑、風波不斷，最後遭監察院彈劾而提出辭呈。此種必須透過立法院同意的人選，是否因為要爭取立委的支持而難以堅守獨立偵查辦案之原則，值得觀察。

　　未來，若檢察一體的架構不變，希望能找到獨立偵查與品質監督間的平衡點，更能防止政治黑手沾染其中。

▶ 檢察總長向總統報告，合憲嗎？

　　特偵組為調查貪瀆案件，監聽到柯建銘向王金平關說司法案件，檢察總長黃世銘向總統報告，引發是否有洩密的質疑，更造成政壇一陣波動。

3 審判階段

犯罪事實經過調查後，檢察官認為事證明確則起訴被告，或法院裁定准予交付審判，案件便進入法院審理。

原則上，我國刑事審判制度採行「三級三審制」。

■第一審

第一審是事實審，除簡式審判程序及簡易程序之案件外，由3位合議庭法官審理、判決，但於審判期日前，得由1名受命法官召開調查庭。（刑訴§228～343）

■第二審

無論公訴檢察官或被告，若不服地方法院第一審的判決，則可以上訴至管轄第二審的高等法院，該審與第一審一樣是事實審，也是由3位合議庭法官組成，主要審理、判決的範圍為上訴不服的部分，其審判程序原則上與第一審法院同。（刑訴§344～360通則、361～374）

■第三審

不服高等法院第二審判決，除刑事訴訟法第376條所列的犯罪外，得上訴至最高法院。該審級為法律審，須以判決違背法令為理由，始得為之，其審判程序由5位合議庭法官組成，但原則上不開庭。（刑訴§375～402）

■再審、非常上訴

如果判決確定後，也就是不能再行上訴的案件，若符合特殊的要件，仍然可以提起再審或非常上訴。

其中，再審是針對確定判決認定事實有誤所設之非常救濟途徑，無論被告或檢察官均得提起。（刑訴§420～440）

非常上訴則是針對確定判決違背法令所設之非常救濟途徑，只有最高法院檢察署檢察總長才能提起。（刑訴§441～448）

實務案例 蘇建和三人殺人案

例如知名的蘇建和等三人殺人案，反覆多次非常上訴及再審，姑且不論事實真相為何，經過社會集體的檢驗，突顯出過去司法程序的粗糙，蘇建和在2003年還曾自嘲地說出一句經典的話：「個人在臺灣司法實務界服務了12年」。

2012年8月31日更三審無罪，本案定讞。

第一審
地方法院

第二審
高等法院

第三審
最高法院

確 定 判 決

再 審
非常上訴

常有當事人因為犯罪案件向筆者詢問法律問題時，描述自己的案件已經進入「法官」審理的程序，該注意什麼事情呢？

　　聽到「法官」二字，直覺上就是進入審理程序，於是介紹如何在法庭上進行辯論攻防。可是討論了許久才慢慢發現，案件根本還在檢察官調查程序中。當事人所謂曾經到過法庭，也只是檢察官的偵查庭。

　　檢察官與被告是屬於相對立的兩造，檢察官代表國家，進行追訴犯罪的工作，積極蒐集被告的犯罪事證，以求順利將其繩之以法；被告則努力為自己進行無罪辯護。最後，雙方當事人經法庭攻防後，由公正第三人的法官就呈堂的證據中決定被告是否有罪。所以，檢察官與法官所扮演的角色並不相同。前面提到的例子，所謂偵查庭，也只是檢察官調查犯罪事實的階段，還沒有進入法官審理的階段。（參照右圖）

▶ 從公文名稱判定

　　法院與檢察署的名稱很類似，但有所不同。

　　如果是法院所發的公文，以臺北地方法院為例，其最上方所寫是「臺灣臺北地方法院」；如果是檢察署的發文，以臺北地檢署為例，其最上方所寫是「臺灣臺北地方法院檢察署」。感覺法院與地檢署好像是相同的單位，但在早期的發展歷史中，衙門兼具偵查與判決的角色，所以從現代的角度來看，會有著偵查與判決不分的錯覺，但目前是分開的制度。

法官

檢察官 ← 雙方進行攻防 → 被告及律師

　　從被告的角度來看，在檢察官審理的過程中，最重要的就是能否辯解成功，檢察官認定犯罪事證不足或符合其他特定要件（經和解而告訴權人撤回告訴），而給予不起訴處分；退而求其次，在事證明確的前提下能否爭取緩起訴，例如透過與被告的和解，即便是非告訴乃論罪，檢察官也認為既然雙方當事人已經和解，而案情業屬輕微，同意在給付特定團體一定捐款金額後，給予被告緩起訴。

　　若進入到法院審理的階段，則對於被告而言，最好的結果則是無罪，退而求其次才是所謂的緩刑，如案情輕微、沒有前科，或與被害人達成和解等因素，都可能成為法院判處緩刑的依據。

4 執行階段

經過法院確定判決後，即依據刑的種類，移交至各機關加以執行。基本上，刑可以分成下列兩種：

- 主刑：包括死刑、無期徒刑、有期徒刑、拘役、罰金。（刑§33）

- 從刑：褫奪公權。（刑§36）

  此外，符合特殊情況者，則施以保安處分，常見者如下：（刑§86~99，其中刑§91、94、97已刪）

- 進入感化教育處所，施以感化教育。（刑§86）

- 刑法第19條第1項之原因而不罰者，刑的執行完畢或赦免後，還是有再犯或有危害公共安全的可能，則令入相當處所施以監護。（刑§87）

- 吸毒、酗酒的禁戒。（刑§88、89）

- 有犯罪之習慣或因遊蕩或懶惰成習而犯罪者，令入勞動場所強制工作。（刑§90）

- 強制治療。（刑§91-1）

- 保護管束。（刑§92）

死刑與徒刑的執行比較常在報章媒體上看到。臺灣死刑犯不多，隨著時代的發展，死刑的執行也比較文明化，不再有古代五馬分屍、吊刑，我國目前採行槍決的模式，也不會讓家屬見最後一面，以避免情緒失控的情況發生。

其他刑的執行由各個機關分別執行，由法務部矯正機關負責。目前法務部所屬犯罪矯正機關，依性質可分為監獄、少年輔育院、技能訓練所、矯正學校、看守所、少年觀護所及戒治所等七類。（如下表）

監　　獄	執行經刑事判決確定的受刑人。
少年輔育院	收容經少年法庭裁處感化教育的少年。
技能訓練所	收容強制工作受處分人（如慣竊）及受感訓處分人（如流氓）。
看　守　所	羈押偵查或審判中的刑事被告。
少年觀護所	收容調查、偵查及審判中未滿18歲少年。
戒　治　所	受戒治人之心理輔導、階段性處遇。
矯　正　學　校	少年徒刑、拘役及感化教育受處分人。

實務見解 顏清標假釋案

　　前立委顏清標因貪污案，2012年遭判7年徒刑定讞，2013年2月入監服刑，扣除曾遭收押8個月、入監服刑267天，經服刑1年3個月後，已逾假釋門檻，2014年6月6日假釋出獄。但因為一般受刑人假釋流程大約1個月，顏清標卻異常快速而遭民眾質疑享有特權。

5 我該聘請律師嗎？

▶ 聘請律師絕對不是心虛！

「只有心虛的人，才需要請律師！」一直到現在，臺灣的社會仍然有人存有這樣的看法，但是，這絕對是錯誤的！無論是犯罪嫌疑人或被告，都有權請律師為其辯護，這是天經地義的人權法治觀念，自認有罪的人需要請律師，可以透過律師的法律見解，讓檢察官或法官瞭解自己為何犯罪，作為可不可以從輕量刑的參考；而自認無罪的人更要請律師，可以避免自己或審判者的疏忽，未注意到某些重要且有利的證據，反而被起訴或被判有罪。所以，被告得隨時選任辯護人。犯罪嫌疑人受司法警察官或司法警察調查者，亦同。（刑訴§27Ⅰ）

除了強制辯護案件，在審判時應該為被告指定律師或公設辯護人外，其他案件的被告或犯罪嫌疑人無論在偵查中或審判中，都可以自行決定是不是請律師辯護，甚至被告或犯罪嫌疑人不請律師，他的法定代理人、配偶、直系或三親等內旁系血親或家長、家屬，還可以獨立為被告或犯罪嫌疑人選任辯護人。（刑訴§27Ⅱ）1個人最多可以同時有3位辯護律師。（刑訴§28）

實務見解 ▶ 顧立雄律師婉拒委任案

有御用律師之稱的顧立雄，向來替前總統陳水扁進行各類案件之辯護，但是在國務機要費案中，卻突然宣布已解除與陳水扁間的委任，甚至於表示將解除其他案件之委任關係。律師未必會接受當事人之委任，故是否為主動解除委任，曾引起多方揣測。

律師在刑事訴訟中能為被告做的事	
偵查階段	1. 搜索、扣押、訊問時在場 2. 於搜索、扣押、訊問時向偵查人員陳述意見 3. 接見羈押中的被告 4. 聲請檢察官迴避
審判階段	1. 為被告辯護 2. 閱覽卷宗及證物，並得抄錄或攝影 3. 接見羈押中的被告 4. 聲請調查證據 5. 詰問證人、鑑定人 6. 聲請法官迴避 7. 對審判長或受命法官有關證據調查或訴訟指揮之處分不服，而聲明異議 8. 為被告利益提起上訴（但不得與被告明示之意思相反）

看電影讀法律

　　魔鬼代言人裡的主角律師凱文，在一場即將贏得勝訴的官司中，發現他的當事人竟然真的是犯人，他也只能選擇以終止委任方式退場，而不能像證人一樣，勇敢地跳出來指控被告的犯行。

▶ 花錢請律師對案情有幫助嗎？

選任律師辯護，在起訴前，應該提出委任書狀給檢察官或司法警察官；起訴後，在每一個審級都要提交一份給法院。所以，一般刑事案件委任律師，常常是以偵查階段算一個委任案件，起訴後每個審級都各算一個委任案件，並依照案件的複雜程度，收取不一的委任費用。但是，花錢請律師到底有沒有用？

在偵查階段，律師主要任務是受被告或犯罪嫌疑人委託，於偵查人員訊問時在場，並可以陳述意見，但不能妨礙偵查人員辦案，所以這時候的律師往往只是負責在場監督偵查人員不會刑求、記錄偵訊內容而已（刑訴§245Ⅱ）。如果要說服偵查人員接受被告無罪的說詞，並不容易，所以有時候律師寧可指導被告不再答辯，直接讓檢察官依現有證據起訴，到審判程序再來「絕地大反攻」！

審判階段才是律師的主戰場，身為辯護人的律師必須在法庭上為被告進行辯護、聲請調查證據、實施交互詰問、協助被告分析認罪協商的利弊得失。

▶ 閱卷及接見羈押中的被告

除此之外，律師有一項被告沒有的權利，就是「閱卷」的權利，可以在全案進入審判階段後，向法院聲請閱覽卷宗及證物，並且可以抄錄或攝影，這對被告相當重要，可以知道偵查人員到底掌握了多少的證據，進而決定在訴訟上如何進行答辯。（刑訴§33Ⅰ）

接見羈押中的被告，可以讓被告與律師討論案情，藉此充分保障被告得受辯護的權利。且有時候法院核准檢察官將被告「收押禁見」時，禁見對象並不包括律師，這時候律師就成了被告與外界唯一的交流管道了。

▶ 閱覽卷宗之規定

辯護人於審判中得檢閱卷宗及證物並得抄錄、重製或攝影。（刑訴§33 I）

被告於審判中得預納費用請求付與卷宗及證物之影本。但卷宗及證物之內容與被告被訴事實無關或足以妨害另案之偵查，或涉及當事人或第三人之隱私或業務秘密者，法院得限制之。（刑訴§33 II）

被告於審判中經法院許可者，得在確保卷宗及證物安全之前提下檢閱之。但有前項但書情形，或非屬其有效行使防禦權之必要者，法院得限制之。（刑訴§33 III）

對於前二項之但書所為限制，得提起抗告。（刑訴§33 IV）

持有第1項及第2項卷宗及證物內容之人，不得就該內容為非正當目的之使用。（刑訴§33 V）

特別要注意的，即使是律師，也沒有權利為被告捏造謊言或假證據，一旦被發現，不但觸犯偽造湮滅刑事證據罪，該名律師可能連執業資格都不保，而被告說詞的可信度，也將被大打折扣。但是，律師對於所得知不利被告的證據，則有權利、甚至有義務保密。（刑訴§182拒絕證言權）

刑事選任辯護人狀

案號：○○　　　　　　股別：○○

聲請人（即被告或被告之○）：○○○

住居所：○○○○○○

被告：○○○　　住居所：○○○○○○

為依刑事訴訟法第27條第1、2項規定，選任律師○○○為被告

（續下頁）

○○○被訴○○案件（○○年度○○字第○○○號）之辯護人
事：
一、選任人爲被告之本人（或○○○）。
二、附委任狀乙份。

此　致
○○ 法院 公鑒
證物名稱及件數：委任狀乙件。

具狀人：○○○ 印
撰狀人：○○○ 印

中　華　民　國　○　○　年　○　○　月　○　○　日

　　有時候自己居無定所，或有聘請律師，或有其他原因不便代收訴
訟書狀，而必須請法院將相關訴訟文書送達其他人時，可以參考下列
書狀，報請法院寄給特定之送達代收人。

陳明送達代收人狀

案號：○○　　　　　　　　股別：○○
陳明人（即被告、自訴人或告訴人等）：○○○
住居所：○○○○○

爲陳明○○○爲送達代收人事
陳明人因在貴院所在地無住居所或事務所，爲此依刑事訴訟法第
55條第1項規定，陳明○○○（住址○○○○○○○○○）爲
送達代收人。

此　致

（續下頁）

○○ 法院 公鑒

證物名稱及件數：

具狀人：○○○ 印

撰狀人：○○○ 印

中 華 民 國 ○ ○ 年 ○ ○ 月 ○ ○ 日

　　如果送達處所變更，也可以參考下列書狀格式。

刑事陳明變更送達處所狀

案號：○○　　　　　　　　股別：○○

陳明人（即被告、自訴人、告訴人、代理人）：○○○

住居所：○○○○○○

被告：○○○　　住居所：○○○○○○

爲陳明送達處所變更事

陳明人現遷居○○縣市○○區鄉市鎮○○里○○鄰○○路街○段○巷○弄○號○樓。以後貴院審理中的○○年度○○字第○○○號○○○案件，所應送達陳明人的文書，請依上開新地址送達。

此　致

○○ 法院 公鑒

證物名稱及件數：

具狀人：○○○ 印

撰狀人：○○○ 印

中 華 民 國 ○ ○ 年 ○ ○ 月 ○ ○ 日

6 沒錢請律師怎麼辦？

▶ 強制辯護案件

被告請律師有以上諸多的好處，但我國的刑事訴訟法原則上不採取強制辯護制度，不會因為沒請律師就停止訴訟程序。只有在審判階段遇到下列案件，而被告卻未選任辯護人時，法官才會指定公設辯護人或律師為其辯護：

1. 最輕本刑為3年以上有期徒刑的案件
2. 高等法院管轄第一審的案件
3. 被告因精神障礙或其他心智缺陷無法為完全陳述的案件
4. 被告具原住民身分，經依通常程序起訴或審判者
5. 被告為低收入戶或中低收入戶而聲請指定者
6. 其他審判案件審判長認為有必要者（刑訴§31Ⅰ）

什麼！我要幫阿扁辯護！

公設辯護人

實務見解 陳水扁與強制辯護

前總統陳水扁所犯為3年以上有期徒刑，為突顯司法不公，放棄委聘律師為其辯護，法院遂指定公設辯護人為其辯護。

其中，被告為低收入戶時，可以向法院聲請指定辯護人，範例如下：

刑事聲請指定辯護人狀

案號：○○年度○○字第○○○號

股別：○股

被告：○○○ 住居所：○○○○○○

為聲請指定辯護人事

聲請人被訴○○○○案件，正由 鈞院以○○年度○○字第○○○號審理中。因本案的案情複雜，聲請人為低收入戶（證一），無資力聘請律師辯護。為此檢陳有關證明文件，懇請 鈞院依刑事訴訟法第31條第1項規定，指定公設辯護人或律師為聲請人辯護，以保權益，無任感禱。

此 致

○○○○地方法院 公鑒

證物名稱及件數：

一、低收入戶證明書1件。

具狀人：○○○ 印
撰狀人：○○○ 印

中 華 民 國 ○ ○ 年 ○ ○ 月 ○ ○ 日

Dr. J 說明

被告或犯罪嫌疑人因精神障礙或其他心智缺陷無法為完全之陳述或具原住民身分者，於偵查中未經選任辯護人，檢察官、司法警察官或司法警察應通知依法設立之法律扶助機構（目前以「法律扶助基金會」為主）指派律師到場為其辯護。但經被告或犯罪嫌疑人主動請求立即訊問或詢問，或等候律師逾4小時未到場者，得逕行訊問或詢問。（刑訴§31Ⅴ）

Q：可否委任非律師之當事人幫忙辯護呢？

A：法律規定應該由律師進行辯護，畢竟律師對於訴訟程序較為瞭解。但是有些特殊的案件，或者是親朋好友間，若有熟悉法律事務者（如擔任法律系所的教授），也可以在審判中聲請，經審判長許可後，還是可以選任非律師為辯護人。（刑訴§29）

【刑事訴訟法第29條】

辯護人應選任律師充之。但審判中經審判長許可者，亦得選任非律師為辯護人。

實務見解 龐大的律師團

許多重大案件，被告聘請重量級且為數不少的律師，到底能聘請多少位律師呢？我國刑事訴訟法第28條規定：「每一被告選任辯護人，不得逾3人。」不過，請到3位律師，通常也只有比較有錢的當事人才聘起得起。

▶ 檢閱卷宗及證物

透過檢閱卷宗及證物，當事人才能找出對自己有利的證據。譬如不同證人所製作的筆錄中發生矛盾的結果，或檢察官所指稱的證物，卻未列在證物清單上等。如果有聘請律師或其他辯護人，可以由其檢閱卷宗及證物並得抄錄、重製或攝影。（刑訴§33 Ⅰ）

被告於審判中得預納費用請求付與卷內筆錄之影本。但卷宗及證物之內容與被告被訴事實無關或足以妨害另案之偵查，或涉及當事人或第三人之隱私或業務秘密者，法院得限制之。（刑訴§33 Ⅱ）

被告於審判中經法院許可者，得在確保卷宗及證物安全之前提下檢閱之。但有前項但書情形，或非屬其有效行使防禦權之必要者，法

院得限制之。（刑訴§33 III）

　　對於前二項之但書所為限制，得提起抗告。（刑訴§33 IV）

　　持有第1項及第2項卷宗及證物內容之人，不得就該內容為非正當目的之使用。（刑訴§33 V）

刑事聲請選任非律師為辯護人狀

案號：○○年度○○字第○○○號　　股別：○股

聲請人：吳大毛　　　　住：臺北市凱達格蘭大道1號

（即自訴人或被告）　　行動電話：0911-111111

送達代收人：　　　　　址設：

　　　　　　　　　　　電話：

為聲請准予選任非律師為辯護人事

一、被告吳大毛被訴強盜殺人案，正由貴院以96年度訴字第○○號審理中因聲請人無資力聘請律師辯護，且本身不諳法律，所涉案件的案情又相當複雜，故擬選任王大扁為辯護人。

二、王大扁雖非律師，目前擔任臺北大學法律學系副教授，主要教授刑事訴訟法科目，有足夠的法學知識，可為聲請人之利益辯護。

三、附委任狀乙份，依刑事訴訟法第29條但書之規定，聲請鈞長核准選任，以保權益。

謹　狀

臺灣臺北地方法院第○庭審判長　公鑒

證物名稱及件數：

　　　　　　　　具狀人：吳大毛　㊞

　　　　　　　　撰狀人：○○○　㊞

中　華　民　國　○○　年　○○　月　○○　日

填下聲請人的聯絡方式，若有行動電話亦可填入，如法院有事情必須聯絡，也比較容易聯絡得上

如告訴人地址不便收受法院文件，也可找人代收

寫下委任王大扁辯護的原因

依據受理法院之名稱填寫

▶ 法律扶助基金會

我國在93年制訂公布「法律扶助法」，並成立法律扶助基金會，對於無資力或因其他原因無法受到法律適當保護的民眾，提供必要的法律扶助，範圍包括民事、刑事及行政等事件，值得廣為宣導。

報乎你知

財團法人法律扶助基金會網站 http://www.laf.org.tw/

民眾只要符合下列要件，都可向法律扶助基金會申請扶助：

☑ 案件非顯無理由。

☑ 為無資力者——即低收入戶、中低收入戶或財產在一定額度以下等情形。

相關申請條件與程序，請直接連上法律扶助基金會網站查詢最新規定。

法律扶助基金會可以幫我嗎？

7 怎麼撰寫答辯狀？

被告可以提出答辯狀，所謂答辯狀，通常是針對檢察官起訴的內容，對法院加以解釋，說明自己並沒有觸犯檢察官所述之犯罪事實，或者是檢察官對於法律之見解有錯誤，也可能是自己認罪，但是希望法院能給一些機會，對於被告從輕發落，包括量刑從輕、減刑、免刑，或聲請宣告緩刑的答辯。

刑事訴訟法相關規定，例如準備程序中，法院得於第一次審判期日前，傳喚被告或其代理人，並通知檢察官、辯護人、輔佐人到庭，行準備程序，訊問被告、代理人及辯護人對檢察官起訴事實是否為認罪之答辯。（刑訴§273 I）

又如第三審上訴，依據刑事訴訟法第383條規定：

I 他造當事人接受上訴書狀或補提理由書之送達後，得於10日內提出答辯書於原審法院。

II 如係檢察官為他造當事人者，應就上訴之理由提出答辯書。

III 答辯書應提出繕本，由原審法院書記官送達於上訴人。

不請律師的話，你也可以自己打刑事官司，本文將教你如何自己DIY刑事訴訟答辯狀。（如右頁範例）

刑事答辯狀

案號：○○年度○○字第○○○號　　　股別：○股

被告：○○○　　　　　住居所：○○○○○○

爲被訴○○○○案件，謹狀答辯事

一、公訴人起訴認定被告涉有【罪名】之嫌，無非係
　　以【略述檢察官起訴之事實理由】，惟公訴人所
　　認各節，實有重大誤會，詳述如下：

㈠被訴○○部分的答辯：
．．．．．．．．．．．．．．．．．．．．．．

㈡被訴○○部分的答辯：
．．．．．．．．．．．．．．．．．．．．．．

二、綜上所述，懇請　鈞院明察，惠賜無罪的判決，
　　以維被告權益，無任感禱。

此致

○○地方法院 公鑒

附件及證據

附件一、○○○○○

人證一、○○○○○

物證一、○○○○○

書證一、○○○○○

具狀人：○○○　㊞

撰狀人：○○○　㊞

中 華 民 國 ○ ○ 年 ○ ○ 月 ○ ○ 日

檢察官起訴：「被告因過失傷害案件，已經偵查終結，……」則答辯狀本文第1行就要寫「為被訴過失傷害案件……」。
但要注意，如果檢察官認定被告涉嫌多項罪名，起訴狀本文第1行會寫「被告因○○○等案件，已經偵查終結，……」不但答辯狀本文第1行要記得寫「為被訴○○○等案件…」，還要記得針對檢察官所指控的所有犯罪都提出答辯。

答辯部分包括事實上的答辯、法律上的答辯和從輕量刑、減刑、免刑、聲請宣告緩刑的答辯。

一般在給法院參考用的判決、判例、行政解釋函令、外國法令、文獻等非直接作為證據使用的資料，常以附件方式提出。

包括人證（如果要聲請傳喚誰到庭作證，記得至少應註明該人的姓名及聯絡地址）、物證（譬如凶器）、書證（譬如訊問筆錄）等。

■注意事項：

- 刑事訴訟法並沒有規定答辯狀應該要具備什麼格式，但表明特定刑事案件所需的股別、案號、被告姓名、住居所等內容，都要寫清楚。

- 答辯部分包括下列三部分：

1. 事實上的答辯：

　　針對檢察官所控訴的犯罪事實是否真正提出答辯。譬如檢察官指控被告在某日某時開車經過某路段，撞傷被害人後逃逸，但被告當時根本不曾出現在該路段，被告就應該對此錯誤的事實提出答辯，如不在場證明。

2. 法律上的答辯：

　　被告也可以反駁檢察官所控訴的犯罪事實不符合法律所規定的構成要件，譬如檢察官起訴被告涉嫌刑法第271條第1項的故意殺人罪，但被告認為自己所犯僅是刑法第276條第1項的過失致人於死罪。

3. 從輕量刑、減刑、免刑、聲請宣告緩刑的答辯：

　　被告在答辯時，也可以提出事證證明自己的犯罪行為情堪憫恕，請求法官從輕量刑；而法律上規定被告的某些行為「得減輕其刑」（譬如自首）或「應減輕其刑」（譬如擄人勒贖，未經取贖而釋放被害人）；或主張符合緩刑的要件，請求法官斟酌，予以緩刑，讓被告免於牢獄之災。雖然這些事項法官都應該依法審酌，但為避免法官忽略，仍然建議寫答辯狀時，要不厭其煩地提醒法官注意。

【刑法修正小常識】

　　95年7月1日以後犯罪的自首，刑法第62條從原本規定「必」減輕其刑，改為「得」減輕其刑，全權交由法官依具體個案自行斟酌、判斷。

綠島監獄：回憶打動人心的「綠島小夜曲」

「這綠島像一隻船，在月夜裡搖啊搖……」相信大家都聽過這首歌，據說這首歌是因禁在綠島監獄的犯人所作，這名受刑人因忌妒而殺人，更因為抒發思念愛人之心而寫下這首動人心弦的歌曲。

綠島小夜曲的作者到底是誰？暫且擱置一邊，讓我們佔用一些版面來介紹綠島監獄。

綠島監獄於民國60年代開始動工，為了節省公帑，組織80名受刑人興建而成。由於地處離島，設立的目的就是專門收容臺灣各監獄的頑劣分子、最難以管教或根本無法管教的對象。利用外島隔絕的地理環境予以集中嚴格矯治，屬於高度監控型態的隔離監獄。

早期的「一清專案」，逮捕數千名的黑道分子，直接搭上直升機就送往綠島監獄。由於很多都是被亂「咬」而含冤入獄，現在不少當時的大哥已獲得冤獄賠償，這些監獄的際遇、歷史的故事，也造就許多新的黑道勢力，「天道盟」就是最知名的幫派，對於臺灣的影響相當深遠。

取材自臺灣綠島監獄網站
（http://www.gip.moj.gov.tw）

第二篇
告訴與告發

1

告訴與告發

連宋控告李登輝案

李登輝與宋楚瑜兩位知名的政治人物本來情同父子，後來卻因為政治傾向的不同而分道揚鑣。

2004年總統大選，連宋兩人黃金組合居然因為319槍擊事件再度敗下陣來，當民眾不滿319槍擊事件，正在總統府前大聲抗議之際，李登輝在公開場合戲稱，二人不顧群眾在外餐風露宿地抗爭，自己跑去打麻將。

連宋二人選輸也罷，居然還被人這般調侃，一氣之下，遂提出告訴……

▶ 什麼是告訴乃論之罪

某些犯罪必須要有告訴權的人提出告訴，檢察官才能起訴，法院才能判決，稱之為「告訴乃論之罪」。也就是有告訴權的人，要明白地向司法偵查機關表示：「我要告他！」檢察官跟法院才會受理。

哪些犯罪屬告訴乃論？刑法跟刑事特別法都會特別明文規定，常見的有：（如右頁）

罪　名	附加說明
對配偶強制性交罪（刑§221、229-1）	至於其他強制性交或猥褻罪，現行法都是非告訴乃論之罪。
對配偶強制猥褻罪（刑§224、229-1）	
未滿18歲之人與未滿14歲及14歲以上未滿16歲之男女為性交、猥褻行為（刑§227、229-1）	
與直系或三親等內旁系血親性交罪（刑§230、236）	
詐術結婚罪（刑§238、245）	重婚罪則屬非告訴乃論之罪。
和誘有配偶之人脫離家庭（刑§240 II、245）	
普通傷害罪（刑§277 I、287）	若是公務員執行職務時所犯刑，或重傷罪（刑§278）則屬非告訴乃論之罪。
對直系血親尊親屬施暴罪（刑§281、287）	
普通過失傷害（重傷）罪及業務過失傷害罪（重傷）（刑§284、287）	過失致死罪則屬非告訴乃論之罪。
略誘婦女罪（刑§298、308）	若是基於與被誘人結婚的目的，其告訴不得違反被誘人的意思。
侵入住宅罪（刑§306、308）	
公然侮辱罪（刑§309、314）	但公然侮辱公務員、公家機關、中華民國國旗、國徽及國父遺像，則屬非告訴乃論之罪。

一般常見的告訴乃論之罪

（續下頁）

（承上頁）

罪　名	附加說明
誹謗罪（刑§310、314）	連宋控告李登輝案件，因為屬於誹謗罪，必須提出告訴始得審理。
妨害他人信用罪（刑§313、314）	
妨害書信秘密罪（刑§315、319）	
利用工具窺視、竊聽、竊錄罪（刑§315-1、319）	
洩漏因業務得知他人秘密罪（刑§316、319）	
洩漏業務上知悉之工商秘密罪（刑§317、319）	
洩漏公務上知悉之工商秘密罪（刑§318、319）	刑§318-1、2亦為告訴乃論罪。
直系血親、配偶或同財共居親屬、五親等內血親及三等內姻親間之竊盜罪、竊佔罪、侵占罪、詐欺罪、背信罪（刑§324、338、339～343）	其他人若犯這些罪，都是非告訴乃論之罪。
毀損文書或一般器物罪（刑§352、354、357）	毀損他人建築物、礦坑、船艦則屬非告訴乃論之罪。
詐術使人損害財產罪（刑§355、357）	
損害債權罪（刑§356、357）	
無故入侵電腦系統設備罪（刑§358）、違反保護電腦紀錄罪（刑§359）、無故干擾電腦系統罪（刑§360、363）	對公務機關之電腦或其相關設備犯左列各罪，為非告訴乃論。

一般常見的告訴乃論之罪

　　除了以上各罪外，大部分的犯罪都是「非告訴乃論之罪」，不需要有人提起告訴，檢察官就可以起訴，法院就可以審判，但任何人發現這類犯罪，還是可以出面向偵查機關提出「告發」的。

Q：提到了告發，或許讀者會問，告訴與告發是否一樣？

A：簡單來說，如果你不是被害人，也沒有告訴權，而知悉特定犯罪的事實，向偵查機關報告者，就是所謂的「告發」。如果是公務員執行職務，知悉犯罪嫌疑，而向偵查機關報告犯罪事實，也是告發的一種。

● 法律錯誤的法律用詞

　　一般人常會講殺人罪是「公訴罪」，其實正確的用語應該是「非告訴乃論之罪」。為什麼會有這樣的錯誤觀念呢？

　　因為電視媒體報導中，常看到檢察官對某些犯罪事實起訴，所以誤以為是公權力的執行，就是公訴罪。實際上並沒有公訴罪這種用法，只有公訴與自訴的比較。簡單來說，公訴是透過檢察機關向法院起訴的機制，自訴則是自己向法院提起訴訟。

公訴←—→自訴

　　告訴乃論罪與非告訴乃論罪，也是一種相對的觀念，前者是要有告訴權人的告訴，後者則不需要提出告訴，檢察官即可自行偵查起訴。

告訴乃論之罪←—→非告訴乃論之罪

誰有權提起告訴？

可以提起告訴的人，包括下列幾種：

獨立告訴人	犯罪的被害人（刑訴§232） 被害人的法定代理人、被害人的配偶（刑訴§233 I）		均可單獨提起告訴，例如要控告虐待小孩的父母（被害人之法定代理人），小孩的爺爺、奶奶（直系血親）均可單獨提出告訴
	被害人的法定代理人為被告、或法定代理人的配偶、四親等內的血親、三親等內的姻親或家長、家屬為被告	左列情況之告訴權人：被害人的直系血親、三親等內的旁系血親、二親等內的姻親或家長、家屬（刑訴§235）	
代理告訴人	被害人已經死亡時，其配偶、直系血親、三親等內之旁系血親、二親等內之姻親或家長、家屬（刑訴§233 II本文）		在告訴乃論之罪，不得與被害人明示的意思相反（刑訴§233 II但）
代行告訴人	告訴乃論之罪，無得為告訴之人或得為告訴之人不能行使告訴權，該管檢察官得依利害關係人的聲請或依職權指定特定人提起告訴（刑訴§236 I）		不得與被害人明示的意思相反（刑訴§236 II準用§233 II但）

除此之外，有些犯罪還限定只有特定人可以提起告訴，譬如：

罪　名	專屬告訴人
與直系或三親等內旁系血親性交罪（刑§230）	本人的直系血親尊親屬、配偶、配偶的直系血親尊親屬（刑訴§234Ⅰ）
和誘有配偶之人脫離家庭罪（刑§240Ⅱ）	配偶（刑訴§234Ⅱ）
略誘婦女罪（刑§298）	被略誘人的直系血親、三親等內的旁系血親、二親等內的姻親或家長、家屬（刑訴§234Ⅲ）
侮辱毀謗死者罪（刑§312）	已死者之配偶、直系血親、三親等內之旁系血親、二親等內之姻親或家長、家屬（刑訴§234Ⅳ）

司法院釋字第791號解釋，宣示刑法第239條規定，因對憲法第22條所保障性自主權予以限制，與憲法第23條比例原則不符，自該解釋公布之日起失其效力，故刑法第239條通姦罪及刑事訴訟法第234條妨害婚姻及家庭罪於110年5月31日刪除。

實務見解　莊國榮罵《幹》女兒案

莊國榮在某場總統大選造勢場合上，以粗鄙的言論影射前總統馬英九之父親馬鶴凌先生「乾女兒變成幹女兒」，可能成立刑法第312條公然侮辱死者罪。由於馬鶴凌先生業已往生，前總統馬英九為其直系血親（卑親屬），具有告訴權，有權對莊國榮提出告訴。

提起告訴的人，並不要求是有行為能力的成年人，所以，即使是一個7歲小孩，只要他能夠理解「告訴」的意義，就可以行使告訴權。

告訴，可以委任代理人提起，代理人不限定要律師，最多可以委任3人（刑訴§28），但應向檢察官或司法警察官提出委任書狀，範本如下：

刑事委任狀　　案號：○○年度○字第○○號　股別：○股		
	委任人	受任人
姓名或名稱	○○○	○○○
年齡	○○	○○
職業	○○	○○
住居所、事務所或營業所	○○○	○○○

為　×××　　　　　　　　案件
委任人茲依照刑事訴訟法第236-1條規定，委任受任人為告訴代理人。
謹狀
臺灣　○○　地方法院檢察署公鑒

　　　　　　　　　　　　委任人：○○○ 印
　　　　　　　　　　　　受任人：○○○ 印

中　華　民　國　○○　年　○○　月　○○　日

【刑事訴訟法第236-1條】

Ⅰ 告訴，得委任代理人行之。但檢察官或司法警察官認為必要時，得命本人到場。

Ⅱ 前項委任應提出委任書狀於檢察官或司法警察官，並準用第28條及第32條之規定。

▶ 告訴期間

在告訴乃論的案件，有告訴權的人應該自「知悉犯罪人」的時候起，6個月內提出告訴。但如果是連續性或繼續性的犯罪，告訴期間應該從告訴權人知悉犯人最後一次行為或行為結束時起算。

但如果得提起告訴的人有多數，「知悉犯罪人」的時間可能會有所不同，其中有人遲誤告訴期間，其他還沒逾期的人還是可以提出告訴的。

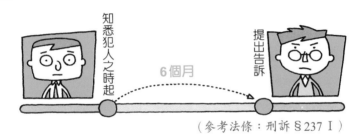

（參考法條：刑訴§237 I）

許多車禍案件中，如果當事人受傷，本來可以提起過失傷害的告訴，但是警方為了「降低案源」，通常都會請當事人先回去審慎思考，再決定是否提出告訴，反正有6個月的告訴期間，使得不知情的當事人提出告訴的權利遭受到警方不當的阻礙。更有許多當事人因此害怕向警方報案，也有很多案件經過了6個月的告訴期間而無法再提出告訴，這些都是執法機關不當的做法。

【刑事訴訟法第237條】

I 告訴乃論之罪，其告訴應自得為告訴之人知悉犯人之時起，於6個月內為之。

II 得為告訴之人有數人，其1人遲誤期間者，其效力不及於他人。

▶ 撤回告訴

告訴乃論之罪，告訴人可以在法院第一審言詞辯論終結前，撤回告訴。（刑訴§238 I）這在告訴人與被告達成和解時常見，而和解書上最好記載下列內容：

「○○○（告訴人）同意於○○○（被告）履行本和解書所約定之義務同時，交付【案號案由】之撤回告訴狀，由○○○（被告）自行提出於○○法院（檢察署）」。

和解完後，就要向法院（檢察署）提出撤回告訴狀，但要特別注意的一點，撤回告訴後就不得再提出告訴。（刑訴§238 II）尤其是涉及到賠償金額時，為了避免因為撤回告訴後，就不能夠再提出告訴，使得有些狡詐的被告就不願意賠償，告訴人應該在確認當事人已經提出賠償金額後，再撤回告訴。

曾有當事人遭毆傷提出告訴後，因被告願意和解，遂以1千元達成和解並撤回告訴，但是被告事後反悔，也不願意賠償1千元，當事人一氣之下，還大費周章地調查被告的財產，花了許多程序費用，才發現被告是攤販，沒有固定薪水，名下的財產也早就脫產了，當事人懊惱不已。

想確保上開情事不發生，就不得不注意這些規範，刑事撤回告訴狀之範本如右頁。

▶ 告訴不可分

告訴乃論之罪，舊的刑事訴訟法第239條規定，對於共犯之一人告訴或撤回告訴者，其效力及於其他共犯。

但刑法第239條之罪，對於配偶撤回告訴者，其效力不及於相姦人。其中但書「刑法第239條之罪，對於配偶撤回告訴者，其效力不

刑事撤回告訴狀

案　號　○○年度○字第○○○○號　　　股　別　○股

告訴人　○○○　　　　　　　　住址：

　　　　　　　　　　　　　　　電話：

為上開○○○○案件，謹狀撤回告訴事

茲因告訴人已與被告○○○達成和解，已無庸涉訟，爰依刑事訴訟法第238條第1項之規定，撤回對被告之告訴，懇請　鈞長鑒核。

謹狀

○○地方法院（檢察署）　公鑒

證物名稱及件數：

　　　　　　　　　　　　　　具狀人：○○○　印

　　　　　　　　　　　　　　撰狀人：○○○　印

中　華　民　國　○　○　年　○　○　月　○　○　日

及於相姦人」的部分，因為司法院釋字第791號解釋，宣示刑法第239條規定因對憲法第22條所保障性自主權予以限制，與憲法第23條比例原則不符，業已失其效力，既然刑法第239條不復存在，自然無但書例外規定存在的必要。

【刑事訴訟法第238條】

Ⅰ 告訴乃論之罪，告訴人於第一審辯論終結前，得撤回其告訴。

Ⅱ 撤回告訴之人，不得再行告訴。

第三篇
偵查程序

1 偵查程序概說

　　偵查程序是犯罪調查過程中最為重要的部分，要注意的細節相當多，主要可以分成下面四個部分：

① 通知、傳喚與偵訊

② 拘提、逮捕、通緝與羈押

③ 具保、責付，與限制住居

④ 搜索、扣押

實務見解 趙建銘 2260 案

　　以駙馬爺趙建銘內線交易案為例，臺北地檢署與調查局北機組透過搜索駙馬爺父親趙玉柱、游世一、蔡清文等人的住所，扣押到許多對駙馬爺不利的具體事證，最後陸續以約談通知、傳喚等方式，通知涉案人一起到案「偵訊」。

　　由於在偵訊過程駙馬爺堅持不認罪，遭檢察官聲請羈押，編號「2260」，成為許多民眾戲謔的對象。在羈押了47天後，法官以高達上千萬元的保釋金同意以具保、限制住居的方式撤銷羈押之裁定。由於案情重大，所以並不是採用責付的方式，將駙馬爺交給特定地方賢達人士看管。此外，法官在審理過程中，也特別強調如果有無故不到庭的情形，不排除以拘提的方式強制駙馬爺等被告到庭。

偵查程序

① 通知、傳喚與偵訊

② 拘提、逮捕、通緝與羈押

③ 具保、責付，與限制住居

④ 搜索、扣押

實務案例　趙藤雄合宜住宅涉嫌行賄案

　　遠雄集團董事長趙藤雄涉桃園合宜住宅案遭聲押，北檢不服兩人獲交保，提起抗告；高院今撤銷裁定，發回北院。其中羈押原因之一，應係趙某交保後召開高層主管會議，恐有勾串共犯或證人之虞；另其將數十箱疑為案件資料送交業者銷毀，亦有湮滅證據之虞。

◉律師到場陳述意見與偵查不公開

【刑事訴訟法第245條】

Ⅰ偵查，不公開之。

Ⅱ被告或犯罪嫌疑人之辯護人，得於檢察官、檢察事務官、司法警察官或司法警察訊問該被告或犯罪嫌疑人時在場，並得陳述意見。但有事實足認其在場有妨害國家機密或有湮滅、偽造、變造證據或勾串共犯或證人或妨害他人名譽之虞，或其行為不當足以影響偵查秩序者，得限制或禁止之。

Ⅲ檢察官、檢察事務官、司法警察官、司法警察、辯護人、告訴代理人或其他於偵查程序依法執行職務之人員，除依法令或為維護公共利益或保護合法權益有必要者外，偵查中因執行職務知悉之事項，不得公開或揭露予執行法定職務必要範圍以外之人員。

Ⅳ偵查中訊問被告或犯罪嫌疑人時，應將訊問之日、時及處所通知辯護人。但情形急迫者，不在此限。

Ⅴ第1項偵查不公開作業辦法，由司法院會同行政院定之。

■律師到場陳述意見權

少數律師在偵訊的過程中，一直堅持陳述意見的權利，不斷地表示意見，往往會造成偵查秩序的影響。對於偵訊者來說，偵訊節奏將被破壞，若要制止律師不斷打斷偵訊的順暢度，偵訊者就會主張律師的行為不當足以影響偵查秩序而口頭制止，有的會與律師發生衝突，甚至於把律師請出偵訊室外。

聘請一位律師主要是希望保障自己的程序利益，不會被刑求毆打或陷入被引導回答的陷阱。雖然法律規定律師得陳述意見，但厲害的律師不會亂插話，因為主戰場不是在偵訊室，而是記錄攻防的重點。

■偵查不公開

常常在電視媒體中，看到地檢署、調查局或警方以偵查不公開的理由，迴避媒體記者的詢問，甚至於連當事人為了逃避媒體的追問，也將偵查不公開掛在嘴邊，成為抵擋外界拷問的擋箭牌。

但是偵查不公開到底是什麼？什麼都不能說嗎？規範的對象除了執法機關，是否還包括當事人呢？

依上開條文第3項可知，規範的對象大多是實施偵查之人員及辯護人與告訴代理人，以避免偵查所得資訊任意公開而造成媒體或社會大眾未審先判，妨礙偵查或審判之順利進行。至於犯罪嫌疑人、告訴人或證人（包括受害人）受偵查機關訊問後，為維護自身權益，本得自行斟酌是否將受偵訊的內容公布，並不受此規範。

其次，偵查不公開還是有三種例外的情況，包括「依法令」、「維護公共利益」、「保護合法權益」等有必要的情況下，就可以對外公布。例如駭客不斷以違法入侵的方式進行攻擊、毒奶粉流入市面等，偵查機關就可以適時地進行新聞發布，提醒一般民眾小心防範，以達到維護公共利益的目的。此外，遇到對偵查案件所為之不實報導，偵查機關、辯護人、告訴代理人主動公布偵查內容以杜謠言，其目的在於維護被告或被害人權益，並不違反偵查不公開。

2 通知、傳喚與偵訊

▶ 基本概念

司法機關偵辦案件時，對於所蒐獲的證據或證人指稱的事實，必須請當事人到案說明。司法警察（官）通常是寄送「約談通知書」，檢察官則稱之為傳喚，傳喚通知書稱之為「傳票」。當事人收到約談通知書或傳票後，即必須依據指定之時間與地點到案說明。

▶ 通知

約談通知書並沒有強制力，收到後可以考量自身的情況決定是否前往，但約談通知書上通常會記載「無正當理由不到場者，得報請檢察官核發拘票」，若拘票核發下來，執法人員就有權強制被通知人到案說明。

【刑事訴訟法第71-1條第1項】

司法警察官或司法警察，因調查犯罪嫌疑人犯罪情形及蒐集證據之必要，得使用通知書，通知犯罪嫌疑人到場詢問。經合法通知，無正當理由不到場者，得報請檢察官核發拘票。

	簽發人	名稱	強制力
通知	第一線的執法機關,如警方、調查局	約談通知書	無,惟仍建議到案說明
傳喚	偵查中由檢察官簽名,審判中由審判長或受命法官簽名	傳票	有,無正當理由不到,得直接拘提

無法到案說明

對不起,臨時有事要請假。

OK

正當理由:如果犯罪嫌疑人收到通知,在沒有正當理由的前提下,不配合接受約談,上演「落跑」的戲碼,司法警察(官)就可以報請檢察官核發拘票。什麼是正當理由呢?例如已經約好看病的時間、身為董事長要參加已經安排好時間的股東大會等,均屬之。

本書建議:到案說明是澄清事實的一個機會,除非時間上不允許,否則建議應該前往接受偵訊;即使時間上不方便,也可先以電話與案件承辦人聯繫,更改到案的時間。

3
傳喚

　　傳喚被告，應用傳票。（刑訴§71 I）傳票之格式，如右頁圖。偵查階段中由檢察官簽發，具有強制力，因為傳票中會有記載「無正當理由不到場者，得命拘提」。也就是說如果沒有依照傳票上的時間、地點到場說明，檢察官可能會直接命執法人員強制讓被通知人帶上手銬到案說明。因此，如果有正當理由就必須請假，例如立法委員最常以立法院會期正在進行為理由向檢察官請假；又如前御醫黃芳彥因SOGO禮券案遭檢調約談時，即以罹患攝護腺癌必須赴美就醫為由不斷地請假。

　　所以拘提的前提，原則上應該要先傳喚被告。被告經合法傳喚，無正當理由不到場者，得拘提之。（刑訴§75）但是，有些特殊情況即便未經傳喚，還是可以逕行拘提，其類型規範如下：（刑訴§76）

　　被告犯罪嫌疑重大，而有下列情形之一者，必要時，得不經傳喚逕行拘提：
1. 無一定之住所或居所者。
2. 逃亡或有事實足認為有逃亡之虞者。
3. 有事實足認為有湮滅、偽造、變造證據或勾串共犯或證人之虞者。
4. 所犯為死刑、無期徒刑或最輕本刑為5年以上有期徒刑之罪者。

傳票之格式

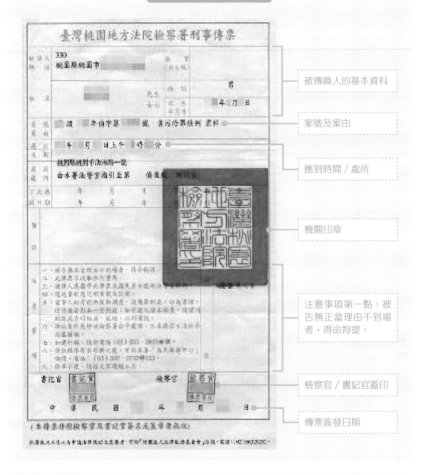

臺灣桃園地方法院檢察署刑事傳票

被傳喚人的基本資料

案號及案由

應到時間／處所

機關印章

注意事項第一點：被告無正當理由不到場者，得命拘提。

檢察官／書記官蓋印

傳票簽發日期

實務案例 劉政鴻請假事件

　　103年間，苗栗縣長劉政鴻與其弟因案遭檢方傳喚，檢方等不到劉政鴻到案說明，更不見遞狀請假，經與其律師聯繫，始知因為公務繁忙，甫遞假單。

▶ 偵訊的過程

　　聽到偵訊這二個字總是讓人聞之色變，印象中會有刑求、夜間疲勞訊問等不人道的事情發生。實際上，臺灣民主人權不斷地發展，類似違反人權的事情早已不復發生，但是法律制度上還是有許多應該注意的事項。以前總統夫人吳淑珍所涉及的七億洗錢案為例，因其體力較虛弱，檢察官偵訊時就得更小心，以免有疲勞訊問之嫌，而影響筆錄的證據能力。

　　當收到約談通知書或傳票後，依據所指定之時間、地點接受偵訊。常見者通常都是到警察局或調查局的偵訊室，在一間3～5坪的偵訊室中通常擺有三張椅子、一張桌子，以及後方的律師座椅，偵訊室中大多有錄音、錄影器材，以保障偵訊過程的合法性。（如右頁圖一）

　　如果是檢察官或是檢察事務官偵訊，則是在地檢署召開偵查庭，偵查庭中，檢察官、檢察事務官及書記官在上，被告在下接受偵訊，感覺有點類似古代衙門開庭。

　　被告後面有兩三排的座椅，第一排給辯護人或告訴代理人（多為律師）的座位，其後則是給予允許旁聽的告訴人、被害人或證人的座位，並配置一名法警，以防止突發狀況發生（如右頁圖二）。

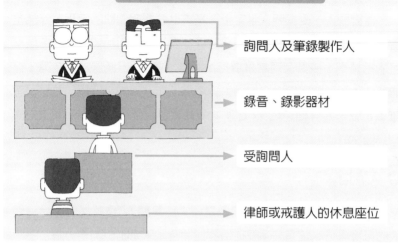

圖一：一般偵訊室模擬圖

詢問人及筆錄製作人

錄音、錄影器材

受詢問人

律師或戒護人的休息座位

圖二：一般偵查庭模擬圖

書記官、
檢察官、
檢察事務官

受詢問人

法警

辯護人或
告訴代理
人的座位

證人席

▶ 訊問開始

當詢問人、受詢問人坐定後，基本上就開始偵訊的流程，無論是警方、調查局，或檢察官的偵訊流程都差不多，而且如果案件在檢察官的指揮下，檢察官通常是進行所謂的「複訊」。換言之，在第一線的執法人員詢問完畢後，由檢察官再問一次，以進行確認，並發現有無不足或未問詳細之處。（還涉及筆錄之證據能力，參見刑訴§159-1 Ⅱ、159-2）

▶ 人別訊問

訊問一開始，首先進行的就是「人別訊問」，也就是確認受詢問人的真實身分。常有許多歹徒遭到逮捕時，就拿出假的身分證冒名應訊，偵訊的過程中完全承認，由於態度良好，通常也不會羈押，等到人放回去後就不見蹤影，由於身分資料都是假的，想要再把歹徒抓回籠就更加地困難。

人別訊問通常是確認下列資料：

- ☑ 姓名、性別、身分證字號、地址、電話、綽號、籍貫、年齡
- ☑ 學歷
- ☑ 經歷、現職（職業）
- ☑ 經濟狀況、家庭狀況
- ☑ 有無前科

（參見刑訴§94）

【刑事訴訟法第94條】

訊問被告，應先詢其姓名、年齡、籍貫、職業、住、居所，以查驗其人有無錯誤，如係錯誤，應即釋放。

法律大補丸 【米蘭達原則】

常在電影裡看到這一段的對話：

「你被捕了！你有權保持沉默，如果你說話，所說的一切將成為法院不利於你的呈堂證供。你可以請律師，如果你沒有錢請律師，政府也會幫你請律師。」

為什麼警察都要在逮捕人犯時，來上這麼一段話呢？

1963年間，一位年輕人米蘭達劫持並強暴了一位年僅8歲的小女孩，後來小女孩趁隙逃出報警，警方逮捕了米蘭達，並在偵訊的過程中寫下了自白書，承認一切的犯行，法院依據其自白書判處高達50年的有期徒刑。米蘭達不服判決而提起上訴，上訴的理由是警察沒有告知自白書可能成為判決的依據，對其產生不利的結果。二審法院認為警方未盡告知的做法違背憲法保障人民基本權利的意旨，遂將米蘭達無罪釋放。自此以後，執法人員逮到嫌疑犯時，都會宣讀這一段話，免得犯人因而無罪開釋。

（參見刑訴§95）

訊問開始

人別訊問

告知涉嫌罪名與三項權利

詢問犯罪事實

訊問結束

▶ 告知涉嫌罪名與三項權利

為了保障被告的基本權利，讓被告瞭解偵訊過程中應該注意的事項，刑事訴訟程序中特別規定要告知以下事項：

■犯罪嫌疑及所犯所有罪名

例如過失傷害罪，偵訊人員通常會說：「你涉嫌觸犯過失傷害罪」。如果發現被害人受傷過重導致死亡的不幸結果，則必須變更罪名為過失致死罪，也必須要向被告再次告知。（刑訴§95Ⅰ①）

■三項基本權利

接著下來，偵訊人員通常會說：「本單位今日約談你到案說明，偵訊過程中你得享有下列權利：第一，犯罪嫌疑及所犯所有罪名（罪名經告知後，認為應變更者，應再告知）。第二，得保持緘默，無須違背自己之意思而陳述；第三，得選任辯護人；第四，得請求調查有利之證據。」也就是緘默權、選任辯護人權、請求調查有利證據權。（刑訴§95）

> **J博士說明** 第三點有關得選任辯護人的部分，如果是弱勢當事人，新修訂可以請求法律扶助，其規定為「如為低收入戶、中低收入戶、原住民或其他依法令得請求法律扶助者，得請求之。」

被告三項基本權利之告知

緘默權

簡單來說，就是不回答的權利，當你不願意回答時，沒有任何人可以強迫你回答。

選任辯護人權

辯護人，也就是律師。律師能保障偵訊過程中程序上的權利。聘請律師陪同到場的費用，則是一筆不小的花費。

請求調查有利證據權

被告偵訊過程中，也可以要求偵辦人員調查對自己有利的證據。例如：主張事發當時並不在國內，有搭機出國的不在場證明，可以請偵辦人員調閱出入境紀錄。

■律師可以發表意見嗎？

　　過去律師在法庭上的功能難以彰顯，許多律師往往只有監督被告或涉嫌人在審訊過程中，是否有遭到刑求之情況。但是實際上，律師在審訊過程中還是可以陳述意見，其規定如下：

【刑事訴訟法第245條第2項】

　　被告或犯罪嫌疑人之辯護人，得於檢察官、檢察事務官、司法警察官或司法警察訊問該被告或犯罪嫌疑人時在場，並得陳述意見。但有事實足認其在場有妨害國家機密或有湮滅、偽造、變造證據或勾串共犯或證人或妨害他人名譽之虞，或其行為不當足以影響偵查秩序者，得限制或禁止之。

　　所以，律師在陪同當事人審訊的過程中，除了勤作筆記之外，還要隨時提醒當事人在刑事訴訟法之下應享有的權利。例如緘默權的提醒，是否應該要自白，要不要接受測謊的提議等。

　　只是，若被告或涉嫌人的律師陳述意見過於頻繁，甚至於有干擾訴訟之嫌，而嚴重影響偵查秩序，或者是有提示一些暗號給當事人，有事實足以懷疑是在協助共犯之間勾串共犯或證人，或者是有其他情況，仍然可以限制或禁止律師之發言。

限制辯護之發言

律師在場陳述意見

檢察官制止律師的發言

律師對於制止表達異議

解釋限制發言的原因

◉ 詢問犯罪事實

詢問犯罪事實的階段，就是針對犯罪事實、調查所得證據，由偵查機關詢問被告犯罪之詳細情形。

詢問犯罪事實通常是採用一問一答的方式。一般而言，都會全程連續錄音，如果有必要時，還要全程錄影。以調查局的偵訊室為例，每一間都裝設有錄影錄音設備。除非遇到犯罪涉嫌人數量龐大，例如選舉時期，參選人招待選民出外旅遊，可能涉及賄選的罪嫌，過去偵辦方式都會將搭乘遊覽車的遊客帶回執法機關偵訊調查，有時候還會高達上百人，這時候錄影設備恐怕就會吃緊，但是仍要全程連續錄音。（參見刑訴§100-1Ⅰ）

實務見解 全程連續錄音

> 錄音如果沒有「全程」、「連續」，可能會被質疑偵訊過程中是不是有刑求的狀況。
>
> 過去偵訊時都是採用錄音帶，每到60分鐘就要將錄音帶換面，如果忘記換面，或者是案件審理歷經十多年，錄音帶因受潮而損壞，就會被質疑有刑求的嫌疑，實在是跳到黃河都洗不清。目前偵訊過程都改採錄音筆，每次錄音時間可以高達好幾個小時，也不太容易損壞，這種問題就少很多了。

Q：筆錄內所載之被告陳述，與實際內容不符時，該怎麼辦？

前總統馬英九在特別費案時，曾經指控承辦檢察官侯寬仁製作不實偵訊筆錄，經律師調閱筆錄影本及偵訊時之錄音拷貝檔案後，認為疑似有曲解馬英九陳述之嫌，而提出告發。

我國刑事訴訟法對此也有明文規定，若筆錄內所載之被告陳述與錄音或錄影之內容不符者，其不符之部分，不得作為證據。（參見刑訴§100-1Ⅱ）

Q：我累了，可以休息嗎？

過去常聽到「刑求」、「疲勞訊問」都讓人聞之色變，甚至有人戲稱這種偵訊方式叫做「科學辦案」，用「科學」的刑求方法而不留下傷痕，也有人戲稱刑求充其量只是幫助涉嫌人恢復記憶的方式。這些揶揄訊問者的觀點，或許在特殊的時空背景下有可能發生，但是以目前刑事訴訟法保障人權的立法準則，這些情況絕對不被允許。

現行法律規定訊問被告或涉嫌人時，不可以使用強暴、脅迫、利誘、詐欺、疲勞訊問等方法，原則上也不可以夜間訊問。例如常有傳聞「栽槍」的案件，偵查人員為了衝績效，即使被告沒有買賣槍枝的行為，也會被強迫或利誘承認槍枝是其所有，以換取某些重罪不被起訴，這些都不被允許。（參見刑訴§98、100-3）

夜間乃休息之時間，為尊重人權及保障程序之合法性，並避免疲勞詢問，因此原則上我國禁止夜間詢問。刑事訴訟法第100-3條第1項本文規定：「司法警察官或司法警察詢問犯罪嫌疑人，不得於夜間行之。」所謂夜間，就是日出前、日沒後。（刑訴§100-3Ⅲ）

司法調查機關內部都有規範日出、日沒的具體時間，以避免偵訊時違反夜間詢問之禁止規定。但是為了配合實際狀況，若符合受詢問人明示同意者、或於夜間拘提或逮捕到場而查驗其人有無錯誤者、或經檢察官或法官同意者、或有急迫之情形者，則仍然可以進行夜間偵訊。（刑訴§100-3Ⅰ但）尤其是犯罪嫌疑人請求立即詢問者，即使是夜間，也應即時為之。（刑訴§100-3Ⅱ）

實務見解 夜間詢問的例外情況

只要符合下列情況，就可以夜間詢問：

- 受詢問人明示同意。
- 夜間拘提或逮捕到場，為了查驗有沒有抓錯人。
- 檢察官或法官許可。
- 急迫情形。

（刑訴§100-3Ⅰ但）

Q：我要接受測謊嗎？

測謊，是瞭解被告有沒有說謊的一種方式。目前調查局、警方都有專責人員負責測謊，透過精密的儀器，偵測出受測者心跳、腦波等人體資訊是否有不正常的現象，以判斷所陳述的內容是不是真的。

偵測結果是否準確，與受測者當天的身體狀況是否平穩、受測環

境能否不受到外界影響，以及測謊人員是否具備專業資格等因素有關。除此之外，受測者如果接受過訓練，也可能影響受測的準確度，例如情報人員通常都會接受反測謊的訓練，透過嚴格的磨鍊，讓儀器較難偵測出心跳、腦波等人體資訊的變化，以避免影響國家安全的資訊流落至敵人手中。

　　測謊的結果並沒有辦法作為判決的唯一證據，目前法院都將測謊的結果當作心證的參考。測謊並不會強迫為之，一定要當事人同意後才會進行測試，如果問心無愧，又苦無證據證明自己的清白，為了避免冤獄的發生，接受測謊是一種可行的管道。

■對質

被告有數人時，應分別訊問之；其未經訊問者，不得在場。但因發見真實之必要，得命其對質。被告亦得請求對質。對於被告之請求對質，除顯無必要者外，不得拒絕。（刑訴§97）

◎ 訊問結束

■詳看筆錄內容

目前製作筆錄的過程，依據設備的不同而有些許的差距，通常是製作完筆錄後再印出來，由被訊問人仔細檢查看看，筆錄的內容是不是跟之前回答的內容相符合，如果不一樣，可以要求增、刪或修改。千萬不能因為訊問人表示「沒問題啦！絕對不會打錯。」結果就簡單翻閱一下，匆匆地簽名蓋章，而導致對自己不利的結果。（刑訴§41Ⅱ、Ⅲ、44Ⅱ）

【刑事訴訟法第41條第2項】

前項筆錄應向受訊問人朗讀或令其閱覽，詢以記載有無錯誤。受訊問人為被告者，在場之辯護人得協助其閱覽，並得對筆錄記載有無錯誤表示意見。

【刑事訴訟法第41條第3項】

受訊問人及在場之辯護人請求將記載增、刪、變更者，應將其陳述附記於筆錄。但附記辯護人之陳述，應使被告明瞭後為之。

【刑事訴訟法第44條第2項】

受訊問人就前項筆錄中關於其陳述之部分，得請求朗讀或交其閱覽，如請求將記載增、刪、變更者，應附記其陳述。

■不可以將筆錄帶回家

執法機關製作筆錄時，一般都會印製三份，一份備份留底，一份向上級單位陳報，一份移送地檢署。常常在訊問完後，受訊問人會問可不可以帶一份回家？執法機關為遵守「偵查不公開」的原則，是不能給受訊問人一份筆錄。

為了避免筆錄內容遭到抽換、增刪內容，除了透過錄音、錄影方式外，筆錄的增、刪、修改，以及騎縫的地方，都要加蓋印章或手印。

- 110年間，調查局南機站追查某綠營立委涉政治獻金不法案時約談關鍵證人，證人卻趁盧姓女調查官滑手機之際，偷走該調查筆錄與提示證據影本。

實務見解 實務上對質的案例

- 苗栗縣長劉政鴻及胞弟劉政池涉違反公司法案件，士林地檢署於103年1月24日傳喚兩人對質，以釐清是否不實增資。30分鐘庭訊結束，兩人均請回。
- 特偵組偵辦林益世收賄案，101年8月7日安排林益世與陳啓祥當庭對質，二人各自表述，林益世訊後還押。
- 網路上有前總統陳水扁先生與李界木、蔡銘哲對質審判筆錄，參見 http://www.taiwanenews.com/doc/abian20090416102.php。

▶ 請求對質被拒絕，怎麼辦？

實務見解認為對質遭無理由拒絕，可能會被認為判決理由未備。

刑事訴訟法為保障被告受公平審判及發現實體真實，對於人證之調查均採言詞及直接審理方式，而對質、詰問權，乃憲法第8條第1項、第16條所保障之人民訴訟基本權，亦為發見真實所必要，是刑事訴訟法第97條第2項規定：「對於被告之請求對質，除顯無必要者外，不得拒絕。」第184條第2項規定：「因發見真實之必要，得命證人與他證人或被告對質，亦得依被告之聲請，命與證人對質。」即本斯旨。故審理事實之法院，對於被告對質、詰問之請求，倘非顯無理由或確於訴訟進行有礙等無必要之情形外，原則當應准許，若不予准許，又未於判決理由內說明其否准之理由，不僅判決理由未備，並有悖於證據法則之違法。（102台上5043判決）

對　質

你不只是把風，還是真正的幕後主使者。

你偷東西，關我什麼事？

　　此種對質，僅係由數名共同被告就同一或相關連事項之陳述有不同或矛盾時，使其等同時在場，分別輪流對疑點加以訊問或互相質問解答釋疑，既毋庸具結擔保所述確實，實效自不如詰問，無從取代詰問權之功能。如僅因共同被告已與其他共同被告互為對質，即將其陳述採為其他共同被告之不利證據，非但混淆詰問權與對質權之本質差異，更將有害於被告訴訟上之充分防禦權及法院發見真實之實現。（釋字582解釋理由書）

4 拘提、逮捕、通緝 與羈押概說

　　拘提、逮捕，是透過公權力的強制介入，讓涉案人能夠順利到案並說明案情。原則上，還是希望當事人能配合案件的調查工作，傳喚當事人時，都能夠主動到案說明。例如檢察官傳喚當事人，因多次傳喚仍不到庭，於是簽發拘票，要求警方前往拘提，強制到案說明。

實務見解　邱毅遭拘提案

　　例如立委邱毅在「319槍擊案」發生後，與群眾共同衝撞高雄地院，有幾次開庭，以請假方式屢傳不到，法院遂簽發拘票，由臺北市警察局派員執行拘提，當邱毅剛結束錄製完TVBS的談話性節目，即遭警方戴上手銬送至地檢署，也引起社會極大的討論。

實務見解　王又曾的拘票

　　力霸集團掏空案主嫌王又曾因為早已經潛逃出國，檢方直接簽發拘票，強制當事人到案。不過，王某早就已經潛逃大陸等地，當然拘票的強制效果也「大打折扣」。

拘提、逮捕、通緝與羈押

這是拘票，
請跟我們走。

拘票

拘提

逮捕

WANTED

通緝

羈押

5 拘提

▶ 報請檢察官核發拘票

司法警察官或司法警察，因調查犯罪嫌疑人犯罪情形及蒐集證據之必要，得使用通知書，通知犯罪嫌疑人到場詢問。經合法通知，無正當理由不到場者，得報請檢察官核發拘票。（刑訴§71-1Ⅰ）

▶ 拘提之要件與逕行拘提

什麼情況下會被拘提呢？

㈠被告經合法傳喚，無正當理由不到場者，得拘提之。

㈡被告犯罪嫌疑重大，有下列情況之一，必要時，得不經傳喚逕行拘提：

- 無一定之住所或居所者。
- 逃亡或有事實足認為有逃亡之虞者。
- 有事實足認為有湮滅、偽造、變造證據或勾串共犯或證人之虞者。
- 所犯為死刑、無期徒刑或最輕本刑為5年以上有期徒刑之罪者。

（參見刑訴§75、76）

▶ 出示證件及拘票

　　司法警察執行拘提的強制處分時，應該要出示證件以及拘票。尤其是近年來詐騙案件頻傳，更應該要仔細檢視相關證件及拘票。拘票共有二聯，其中一聯是在執行拘提時，要交給被告或其家屬收執。（參見刑訴§77、79）

逕行拘提之情況

① 無一定之住所或居所

② 逃亡或有事實足認為有逃亡之虞

③ 有事實足認為有湮滅、偽造、變造證據或勾串共犯或證人之虞

④ 所犯為死刑、無期徒刑或最輕本刑為5年以上有期徒刑之罪

6 逮捕、通緝

▶ 通緝犯的逮捕

　　通緝犯，是指逃亡或藏匿中的被告，偵查中由檢察總長或檢察長，審判中則由法院院長簽發通緝書，公告通令檢察署或司法警察機關，得將之加以逮捕。刑事訴訟法第84條規定：「被告逃亡或藏匿者，得通緝之。」

　　經通緝後，檢察官、司法警察官得拘提被告或逕行逮捕之。（刑訴§87 I）實務上，司法警察也都逕行逮捕通緝犯，並不需要先報請司法警察官即自行逮捕。另外，告訴人、自訴人或被害人等利害關係人，得逕行逮捕通緝之被告，送交檢察官、司法警察官或請求檢察官、司法警察官逮捕之。（刑訴§87 II）

▶ 現行犯或準現行犯的逮捕

　　犯罪在實施中或實施後即時發覺者，為現行犯。（刑訴§88 II）現行犯，不問何人得逕行逮捕之。（刑訴§88 I）無偵查犯罪權限之人逮捕現行犯者，應即送交檢察官、司法警察官或司法警察。（刑訴§92 I）例如小偷大白天潛入住宅行竊，被社區巡守隊員逮個正著，這時不得痛打一頓、動用私刑，以免觸法，應立即送交檢察官、司法警察官或司法警察，以免打傷人或打死人，還會吃上傷害罪或殺人罪之官司。

準現行犯，是指雖非現行犯，但若有「被追呼為犯罪人者」、「因持有兇器、贓物或其他物件、或於身體、衣服等處露有犯罪痕跡，顯可疑為犯罪人者」，則視同是現行犯。（刑訴§88Ⅲ）

實例說明 白曉燕命案

86年間，臺灣發生一起驚動各界的白曉燕命案，經追查後發現是陳進興等三人所犯，並將三人列為通緝犯，全力追緝。後來，陳進興居然綁架南非武官卓懋祺一家人，當時新聞媒體為了搶新聞，還創造了臺灣新聞史上第一次「通緝犯專訪現場直播」的亂象。最後，陳進興於88年10月6日在臺北看守所執行槍決。

《注意》

一般民眾並沒有偵查犯罪的權限，所以逮捕現行犯後要立即將現行犯送交檢察官或司法警察。早期社會，當村民抓到壞人會將之私自監禁，例如雙手綑綁吊在樹上，這種行為在現代法治社會中都是不被允許的，可能會觸犯妨害自由的官司，不得不慎。

【刑事訴訟法第92條】

Ⅰ 無偵查犯罪權限之人逮捕現行犯者，應即送交檢察官、司法警察官或司法警察。

Ⅱ 司法警察官、司法警察逮捕或接受現行犯者，應即解送檢察官。但所犯最重本刑為1年以下有期徒刑、拘役或專科罰金之罪、告訴或請求乃論之罪，其告訴或請求已經撤回或已逾告訴期間者，得經檢察官之許可，不予解送。

Ⅲ 對於第1項逮捕現行犯之人，應詢其姓名、住所或居所及逮捕之事由。

■即時訊問與限時留置

被告或犯罪嫌疑人因拘提或逮捕到場者，應即時訊問。（刑訴§93Ⅰ）例如警方圍捕銀行搶匪之現行犯，將搶匪制伏，押回後即應解送檢察官，並立即訊問。

偵查中經檢察官訊問後，認有羈押之必要者，應自拘提或逮捕之時起24小時內，以聲請書敘明犯罪事實並所犯法條及證據與羈押之理由，備具繕本並檢附卷宗及證物，聲請該管法院羈押之。但有事實足認有湮滅、偽造、變造證據或勾串共犯或證人等危害偵查目的或危害他人生命、身體之虞之卷證，應另行分卷敘明理由，請求法院以適當之方式限制或禁止被告及其辯護人獲知。（刑訴§93Ⅱ）所謂自拘提或逮捕之時起24小時，即所謂之「檢警共用24小時」。

檢察官如果認為雖有羈押或預防性羈押的情形，但無聲請羈押的必要，得逕命具保、責付或限制住居。但是，若不能具保、責付或限制住居，而有必要情形者，仍得聲請法院羈押之。（刑訴§93Ⅲ）法院於受理前三項羈押之聲請，付予被告及其辯護人聲請書之繕本後，應即時訊問。（刑訴§93Ⅴ本文）

■深夜羈押聲請之訊問

羈押之聲請，往往會拖延至深夜，引發疲勞訊問的問題，而有人權侵害之虞。因此，刑事訴訟法針對法院審理羈押之聲請，至深夜仍未訊問完畢者，被告、辯護人及得為被告輔佐人之人得請求法院於翌日日間訊問。法院非有正當理由，不得拒絕。深夜始受理聲請者，應於翌日日間訊問（刑訴§93Ⅴ但）所稱深夜，指午後11時至翌日午前8時。（刑訴§93Ⅵ）

晚上了，還在訊問？

我好想睡覺，搞不清楚詢問的內容！

　　過去白色恐怖或戒嚴時代，常聽聞一被抓到執法機關，不知道哪一天才能夠回家，甚至於到現在都還無法等到家人。法治社會中，這種現象不再被允許，檢警必須共用24小時，24小時內必須將逮捕或拘提之被告，考慮是否要羈押，如果沒有羈押的必要，檢察官得逕命具保、責付或限制住居。

　　所謂具保、責付或限制住居，說明如下：

具保	支付保釋金。
責付	交由特定人士看管。 例如小孩子竊取他人財物，遭移送少年法庭審理，法官常會責付交由家長帶回管教，但常常找不到適當的親人責付，則可能委由特定之公益團體，例如宗教團體成立的少年中途之家，可能成為責付的單位。
限制住居	必須待在一定之住所，如有變更，要隨時、立即通知法院、檢察官。

【釋字第392號】

　　早期檢察官與法官之權責混淆，因此羈押權歸屬於檢察官，但隨著司法制度的改革，大法官會議釋字第392號認為兩者分別隸屬行政權與司法權之行使，因此憲法第8條第1項規定之「非由法院依法定程序，不得審問處罰」，以及同條第2項：「人民因犯罪嫌疑被逮捕拘禁時，其逮捕拘禁機關應將逮捕拘禁原因，以書面告知本人及其本人指定之親友，並至遲於24小時內移送該管法院審問。」條文中的「法院」，是指有審判權之法官所構成之獨任或合議之法院，而非指檢察官。

檢警共用24小時之計算

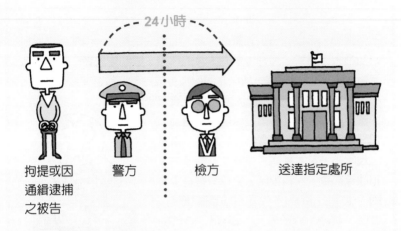

拘提或因通緝逮捕之被告　　警方　　檢方　　送達指定處所

釋字第 392 號解釋

【事發原因】

　　舊刑事訴訟法第91條違憲，原規定為「拘提或通緝逮捕之被告，應即解送指定之處所，如3日內不能達到指定之處所者，應先行解送較近之法院」。

【大法官會議解釋見解】

　　憲法第8條第2項規定「至遲於24小時內移送該管法院審問」。

【民國86年修法】

　　刑事訴訟法第91條：「拘提或因通緝逮捕之被告，應即解送指定之處所；如24小時內不能達到指定之處所者，應分別其命拘提或通緝者為法院或檢察官，先行解送較近之法院或檢察機關，訊問其人有無錯誤。」

法律大補丸 【屢創天價的保釋金】

　　如果未能將被告或涉嫌人聲請羈押而將之飭回，很可能就潛逃不見蹤影，導致司法正義無法捍衛。如果只是責付，也就是交給地方知名人士看管，恐怕也沒有太大的作用；限制住居者，也沒辦法派員24小時監視動向，所以高額保釋金成為不二首選。

　　所謂保釋金，就是保證在案件偵查或審理的過程中，必須確保能隨傳隨到，如果棄保潛逃，保釋金就加以沒收。臺灣近幾年來，重大經濟犯罪案件不斷發生，扣除掉罰金、保釋金後，犯罪者還有極大的「賺頭」，以80年代初期國票案楊瑞仁為例，侵吞100多億元，被處以13年的徒刑，罰金30餘億元。因此，司法界的保釋金不斷衝高，以遏止經濟犯罪之氣焰（參考附表）。

案　名	被　告	保釋金
中信國寶案	朱國榮	4億元
東森弊案	王令麟	3億5000萬元
掏空太電案	胡洪九	1億2000萬元
掏空博達案	葉素菲	8000萬元
國安密帳與新瑞都案	劉泰英	6000萬元

▶ 保釋金之退還

　　已入監服刑的東森國際董事長王令麟，委託律師向高等法院遞狀聲請退還或降低3.5億元保釋金，律師許兆慶認為依據聯合國公民與政治權利公約之精神，刑事程序是憲法上基本權保障的具體化，就王令麟提出3.5億元保釋金的案件，既然原先具保範圍的案件有部分判決確定並發監執行，是否還有具保的必要性，應全數發還保釋金或是依比例原則降低金額呢？

　　此一問題在2014年修訂後的法律，已經獲得部分解決……

【刑事訴訟法第119條】

（2014年1月29日總統令修正公布）

Ⅰ 撤銷羈押、再執行羈押、受不起訴處分、有罪判決確定而入監執行或因裁判而致羈押之效力消滅者，免除具保之責任。

Ⅱ 被告及具保證書或繳納保證金之第三人，得聲請退保，法院或檢察官得准其退保。但另有規定者，依其規定。

Ⅲ 免除具保之責任或經退保者，應將保證書註銷或將未沒入之保證金發還。

Ⅳ 前三項規定，於受責付者準用之。

聲請發還保證金狀（範例）

聲請人：陳大毛　　　　住居所：○○○

⋯⋯（略）

為請准予發還保證金事

一、被告○○○因○○年度○○字第○○○號○○○案件，於○○年○月○日自行（經聲請人代為）繳納保證金新臺幣○○○元整。

二、該案經判決無罪（緩刑、免刑、免訴、不受理）確定（或撤銷羈押、再執行羈押、受不起訴處分、有罪判決確定而入監執行或因裁判而致羈押之效力消滅），請准予發還保證金。

謹狀

○○地方法院刑事庭　公鑒

相關證物：○○○。

具狀人：陳大毛　[印]
撰狀人：莊阿發律師　[印]

中　華　民　國　○　○　年　○　○　月　○　○　日

委任代領保證金狀（範例）

聲請人：陳大毛　　　　住居所：○○○

……（略）

為委任代領人領取保證金事

一、委任人前為○○年度○○字第○○○號○○○案件所繳納的
　　保證金新臺幣○○○元整，業經　貴院准予發還。現委任
　　○○○代理領取此項保證金，請准予代領。

二、附經公證之委任書乙份。

謹狀

○○地方法院刑事庭　公鑒

相關證物：委任書乙件。

　　　　　　　　　　　具狀人：陳大毛　　印

　　　　　　　　　　　撰狀人：莊阿發律師　印

中　華　民　國　○　○　年　○　○　月　○　○　日

▶ 通緝

　　調查局的網站曾經公布「十大追緝要犯」（如下圖）。這些追緝要犯都是發生逃亡或藏匿的情況，檢察官或法官即可發布「通緝書」，通知各檢、警、調機關，甚至可以登報追緝。只要經過通緝者，檢察官、司法警察官可以拘提被告或逕行逮捕。

　　但是通緝犯並不代表有罪，是否有罪仍要等到法院審理完畢，判刑確定後方為有罪，否則只是處於一種逃亡或藏匿的狀況。當然為了讓犯人能早日繩之以法，必須全民共同追緝，將不法分子早日伏法認罪。

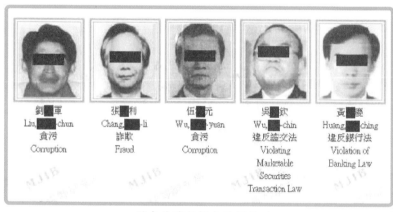

引自法務部調查局網站（http://www.mjib.gov.tw）

Q： 何時能聲請撤銷通緝呢？

A： 通緝於其原因消滅或已顯無必要時，應即撤銷。

　　（參見刑訴§84～87）

如果因為已經自行投案，或者是追訴期間已經完成，就沒有再通緝的必要，為了避免自己隨時在路上被誤認為是通緝犯，所以可以提出下列書狀，聲請撤銷通緝。

刑事聲請撤銷通緝狀

案號：○○　　　　　　股別：○○
聲請人：○○○　　　　住居所：○○○○○○

為請求准予撤銷通緝事
聲請人即被告○○○（電話：○○○住址：○○○）。貴院○○年度○○字第○○號被告○○○因○○案件未能遵傳到案應訊，致通緝在案，茲已自行投案，接受法律制裁（或因追訴權時效業已完成），請依刑事訴訟法第87條第3項規定，准予撤銷通緝，並發給撤銷通緝書，實感德便。

此致
○○ 法院 公鑒

證物名稱及件數：

　　　　　　　　　　　　具狀人：○○○ 印
　　　　　　　　　　　　撰狀人：○○○ 印

中　華　民　國　○　○　年　○　○　月　○　○　日

第三人具保，但發現被告想要逃跑，第三人擔心保證金被沒收，第三人可跟檢察官說，被告可能會跑，檢方趕快羈押，第三人可向法院請求發還保證金，其書狀範本如下：

刑事聲請退保狀

案號：○○　　　　　　　　股別：○○
聲請人：○○○　　　　　　住居所：○○○○○○

為請准予退保事
聲請人於○○年○月○日出具保證書繳納保證金，向貴院保證命被告○○○隨時應傳喚到場。但被告於保釋後，拒絕與聲請人保持聯繫，又經常離家數日不歸，不無預備逃匿之虞。為此將此情報告貴院，依刑事訴訟法第119條第2項聲請准予退保，註銷保證書發還保證金。

此致
○○　法院　公鑒

證物名稱及件數：

　　　　　　　　　　　　　　具狀人：○○○ 印
　　　　　　　　　　　　　　撰狀人：○○○ 印

中　華　民　國　○　○　年　○　○　月　○　○　日

● 相關法令

刑事訴訟法第84條	被告逃亡或藏匿者,得通緝之。
刑事訴訟法第85條	Ⅰ通緝被告,應用通緝書。 Ⅱ通緝書,應記載左列事項: 　　一、被告之姓名、性別、出生年月日、身分 　　　　證明文件編號、住、居所,及其他足資 　　　　辨別之特徵。但出生年月日、住、居所 　　　　不明者,得免記載。 　　二、被訴之事實。 　　三、通緝之理由。 　　四、犯罪之日、時、處所。但日、時、處所 　　　　不明者,得免記載。 　　五、應解送之處所。 Ⅲ通緝書,於偵查中由檢察總長或檢察長簽 　名,審判中由法院院長簽名。
刑事訴訟法第86條	通緝,應以通緝書通知附近或各處檢察官、司 法警察機關;遇有必要時,並得登載報紙或以 其他方法公告之。
刑事訴訟法第87條	Ⅰ通緝經通知或公告後,檢察官、司法警察官 　得拘提被告或逕行逮捕之。 Ⅱ利害關係人,得逕行逮捕通緝之被告,送交 　檢察官、司法警察官或請求檢察官、司法警 　察官逮捕之。 Ⅲ通緝於其原因消滅或已顯無必要時,應即撤 　銷。 Ⅳ撤銷通緝之通知或公告,準用前條之規定。

7 羈押

　　為了避免犯罪嫌疑人畏罪潛逃，或避免串滅證據，或觸犯重罪，或有重覆實施犯罪行為者，檢察官可以向法院聲請羈押，以利追訴、審判與執行。羈押並不是正式的入獄服刑，只是暫時將被告或犯罪嫌疑人關在看守所，當然人身自由也就受到限制了。

　　現行羈押聲請之要件必須符合最後手段性、有效達成公益目的及比例原則。

　　依據憲法第8條第1項前段規定：「人民身體之自由應予保障。」羈押作為刑事保全程序時，旨在確保刑事訴訟程序順利進行，使國家刑罰權得以實現。惟羈押係拘束刑事被告身體自由，並將之收押於一定處所，乃干預身體自由最大之強制處分，使刑事被告與家庭、社會及職業生活隔離，非特予其心理上造成嚴重打擊，對其名譽、信用等人格權之影響甚為重大，自僅能以之為保全程序之最後手段，允宜慎重從事（釋字第392號、第653號、第654號解釋參照）。是法律規定羈押刑事被告之要件，須基於維持刑事司法權之有效行使之重大公益要求，並符合比例原則，方得為之。（釋字第665號解釋）

◉ 羈押原因

聲請羈押的原因可能不只一種，例如力霸集團掏空案，許多被告遭檢察官認為涉及重罪，且有勾串滅證之嫌，向法院聲請羈押。（參見刑訴§101、101-1）

羈押原因	細部內容	實際案例
畏罪潛逃類 刑訴 §101 I ①	逃亡、有事實足認為有逃亡的可能	張德正開砂石車撞總統府，法院審酌其傷勢，認為沒有逃亡之可能，對於檢方聲請羈押之請求，連續三次予以駁回。
勾串滅證類 刑訴 §101 I ②	湮滅、偽造、變造證據的可能 勾串共犯或證人的可能	調查的過程非常漫長，犯罪者隱藏自己的犯罪證據，為了避免證據遭到湮滅或偽變造，甚至於共犯、證人間串證，例如向公務員行賄卻說成借款。
重罪類 刑訴 §101 I ③	觸犯死刑、無期徒刑或最輕本刑為5年以上有期徒刑的罪，有相當理由認為有逃亡、湮滅、偽造、變造證據或勾串共犯或證人之虞者	張錫銘曾名列十大槍擊要犯，所觸犯的殺人、擄人勒贖等犯罪行為，都是極重的罪行，經過極大的努力才抓到，如果不羈押，如同放虎歸山。
重覆實施 犯罪類 刑訴 §101-1 （預防性羈押）	特定的放火、性侵害、妨害自由、強制罪、恐嚇危害安全、竊盜、搶奪、詐欺、恐嚇取財罪，而嫌疑重大、反覆實施的可能，以及羈押的必要	例如校園之狼，這種性侵害的犯罪者有些是自身有疾病，無法控制自己的行為，如果在法院審理確定前，仍讓這一類的犯罪者回到社會，恐怕會有更多的婦女受害。

▶ 羈押之要件

法官決定羈押被告之要件有四：犯罪嫌疑重大，有法定之羈押事由，有羈押之必要（即非予羈押，顯難進行追訴、審判或執行），無同法第114條不得羈押被告之情形。

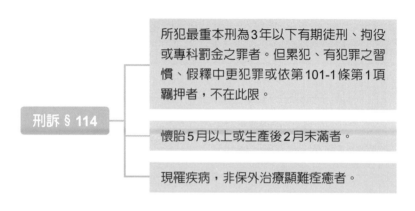

刑訴 § 114

所犯最重本刑為3年以下有期徒刑、拘役或專科罰金之罪者。但累犯、有犯罪之習慣、假釋中更犯罪或依第101-1條第1項羈押者，不在此限。

懷胎5月以上或生產後2月未滿者。

現罹疾病，非保外治療顯難痊癒者。

實務見解 首位卸任元首遭羈押案

前第一家庭洗錢弊案爆發之初，民眾紛紛質疑特偵組未聲請羈押任何被告一事，當時特偵組發言人陳雲南表示，羈押的法定要件是有證據足認被告有串證、湮滅證據之虞，暫時無足夠的證據顯示前總統陳水扁等人串證，所以並沒有羈押涉案被告。

隨著案情逐漸升溫，相關涉案遭羈押之人數已經高達二位數字，大多是以有串證之虞或5年以上之重刑為理由聲請羈押。前總統陳水扁也遭特偵組聲請羈押，並於民國97年11月12日上午7時許，由臺北地方法院裁定羈押獲准，送進土城看守所，編號2630，成為我國史上第一位因為涉及貪污弊案遭法院羈押的卸任元首。

▶ 重罪羈押，是否合憲？

【釋字第665號解釋】

該號解釋認為刑事訴訟法第101條第1項第3款「所犯為死刑、無期徒刑或最輕本刑為5年以上有期徒刑之罪者」規定，不應作為許可羈押的唯一要件，還必須考量是否具備犯罪嫌疑重大，是否有逃亡或滅證導致顯難進行追訴、審判或執行之危險，有無不得羈押之情形，作為羈押之必要要件。

換言之，單以犯重罪作為羈押之要件，可能背離羈押作為保全程序的性質，其對刑事被告武器平等與充分防禦權行使上之限制，即可能違背比例原則。再者，無罪推定原則不僅禁止對未經判決有罪確定之被告執行刑罰，亦禁止僅憑犯罪嫌疑就施予被告類似刑罰之措施，倘以重大犯罪之嫌疑作為羈押之唯一要件，作為刑罰之預先執行，亦可能違背無罪推定原則。被告縱符合同法第101條第1項第3款之羈押事由，法官仍須就犯罪嫌疑是否重大、有無羈押必要、有無不得羈押之情形予以審酌，非謂一符合該款規定之羈押事由，即得予以羈押。

被告犯上開條款之罪嫌疑重大者，仍應有相當理由認為其有逃亡、湮滅、偽造、變造證據或勾串共犯或證人等之虞，法院斟酌命該被告具保、責付或限制住居等侵害較小之手段，均不足以確保追訴、審判或執行程序之順利進行，始符合該條款規定，非予羈押，顯難進行追訴、審判或執行之要件，此際羈押乃為維持刑事司法權有效行使之最後必要手段，於此範圍內，尚未逾越憲法第23條規定之比例原則，符合本院釋字第392號、第653號、第654號解釋意旨，與憲法第8條保障人民身體自由及第16條保障人民訴訟權之意旨，尚無違背。（釋字第665號解釋）

羈押，確實侵害人民的自由權利，法官執行為人權把關的工作，對於是否要將被告羈押，有決定與否的權力。

然而，許多情況往往容易產生誤判，罪犯可以很狡詐地表現出認錯的態度，可是只要一放出去，又馬上重施故技。例如曾名列十大槍擊要犯的薛球，曾被警方逮捕過，此種有反覆實施犯罪之惡徒本應予以聲請羈押，以免繼續在外面為非作歹，可是卻因為法官的「誤判」，將檢察官羈押的聲請加以駁回，導致縱虎歸山的結果，事後薛球果然又犯下擄人勒贖鉅款的案件，而當初縱虎歸山的法官也遭社會的責難。其他還有很多慣竊，因為罪刑不重，法官往往不太願意將之羈押，結果一放出去就繼續行竊，導致更多民眾受害；過去還有伍澤元聲請保外就醫，結果一去不回的例子。

這些案件都是血淋淋的教訓，但是若因為這些特殊的案件，而責難法官嚴守人權的作為，恐怕也不太公平，畢竟若檢察官無法提出足夠的事證，證明有羈押的必要時，法官基於法律上的要求，當然也就只好駁回羈押的聲請。這也牽涉到一個基本的觀念，社會上到底要接受「寧可錯殺一百，不可縱放一人」，還是「寧可縱放一百，不可錯殺一人」。實際上，或許還是必須回歸到強化蒐證的面向，才能在兩者之間取得平衡。

看完了這些分析，你支持哪一個論點呢？

▶ 羈押流程

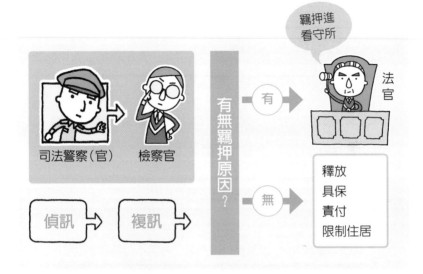

羈押的流程，常見的情況是在檢察官的指揮之下，先由第一線的執法單位，例如警方或調查局進行初步的偵訊，然後交由檢察官複訊，當然也可能直接由檢察官偵查訊問；接著若有羈押的原因，則向法院聲請羈押，若無羈押的原因，則當庭釋放，或具保、責付、限制住居。檢察官若不服法院的裁定，也可以進行抗告。

所以接受司法警察（官）或檢察官的訊問時，可以先判斷有沒有前文介紹的羈押原因，預先蒐集必要的資料，向檢察官或法官說明，以避免接受訊問後，可能就會被檢察官聲請羈押、法官裁定羈押的不利結果，而必須前往看守所住上一陣子。

例如《台開內線交易案》爆發後，趙建銘曾經有購買機票準備赴日，此一舉動即被承辦檢察官認為有逃亡之虞，以此作為聲請羈押的理由之一。趙建銘若想要避免被羈押，就必須找出相關資料，證明購買機票準備前往日本的行為並非潛逃，而是事發前就已經安排的旅遊計畫，例如旅行社的跟團資料、預先支付的訂金等。

▶ 羈押期間

如果法院裁定羈押，到底可以關多久？可不可以無限制地延長？

偵查中	羈押期間	不得超過2個月
	可否延長	可
	延長次數限制	以延長一次為限（每次不得超過2個月）

審判中	羈押期間	不得超過3個月
	可否延長	可
	延長次數限制	原則上沒有次數限制（每次不得超過2個月）但所犯最重本刑為10年以下有期徒刑以下之刑者，第一、二審以三次為限，第三審以一次為限。

（刑訴§108）

▶ 羈押期間如何接見

羈押，必須在看守所為之。請求接見者，應將姓名、職業、年齡、住所、接見事由、被告姓名及其與被告之關係陳明之。在准許接見後，仍會遭到監視，但是律師請求接見，是否一樣受到監視，則有釋字第654號之見解。

羈押期間如何接見

見你一面真是麻煩！要填一堆資料還限制時間～

還好你看起來不可疑，不然可能被拒絕接見～

接見時間方面，原則上最長不得超過30分鐘。接見時間為平日。如果形跡可疑，或3人以上同時接見同一被告者，可能會遭到拒絕。（參考羈押法§60、61）

為了避免嫌犯在羈押期間，因為與外人接見、通信、受授物件，而有脫逃或湮滅、偽造、變造證據或勾串共謀證人的可能性時，檢察官可以向法官聲請，或法官依據職權禁止接見或扣押相關物件。（參考刑訴§105）

● 律師接見受羈押被告，可否予以監聽、錄音？監聽、錄音所獲得的資訊，可否作為偵查或審判上認定被告本案犯罪事實之證據？

【釋字第654號解釋】

釋字第654號解釋之見解摘要如下：

基於無罪推定之原則，受羈押之被告享有之憲法權利保障，與一般人民所得享有者，原則上並無不同。

羈押法第23條第3項規定，律師接見受羈押被告時，亦有同條第2項應監視之適用。該項所稱「監視」，並非僅止於看守所人員在場監看，尚包括監聽、記錄、錄音等行為在內。依據上開規定，看守所得不問是否為達成羈押目的或維持押所秩序之必要，通通都可以加以監聽、錄音，對受羈押被告與辯護人充分自由溝通權利予以限制，致妨礙其防禦權之行使，已逾越必要程度，違反憲法第23條比例原則之規定，不符憲法保障訴訟權之意旨。惟為維持押所秩序之必要，於受羈押被告與其辯護人接見時，如僅予以監看而不與聞，則與憲法保障訴訟權之意旨尚無不符。羈押法第28條規定：「被告在所之言語、行狀、發受書信之內容，可供偵查或審判上之參考者，應呈報檢察官或法院。」使依同法第23條第3項對受羈押被告與辯護人接見時監聽、錄音所獲得之資訊，得以作為偵查或審判上認定被告本案犯罪事實之證據，在此範圍內妨害被告防禦權之行使，牴觸憲法保障訴訟權之規定。（編註：羈押法第23和28條於民國98年修正及刪除，全文並於民國109年大幅度修訂）

律師接見羈押被告之保障

談案情就好，不要私底下拿違禁品給受羈押的被告！

單純監看，可以避免律師藉會面機會拿一些違禁品給受羈押的被告，而有影響押所秩序的疑慮。因此，監看，並不違憲。

怎麼可以偷錄我跟當事人的對話！釋字第654號解釋認定是違憲的。

被告的訴訟策略都被我知道了，這場官司非贏不可。

檢察官

除了監看，還有監聽、記錄、錄音等行為，則已經讓羈押被告與其律師之間的訴訟策略攤在對造檢察官的眼前，致使產生訴訟武器不對等的現象。

【律師接見羈押被告之修正規定】

- 修正公布時間：99年6月23日
- 修正條文：修正公布第 34、404、416 條條文，並增訂第 34-1 條條文
- 接見與互通書信之權利

新修正刑事訴訟法明定辯護人可以接見羈押之被告，並互通書信；原則上不得予以限制，例外的情況，必須要有事證足認其有湮滅、偽造、變造證據或勾串共犯或證人，否則不得予以限制。（刑訴§34 I）

上列是羈押的被告，如果只是偵查中受拘提或逮捕之被告或犯罪嫌疑人，辯護人當然更可以接見或互通書信。但是接見的時間是有所限制的，不得逾1小時，且以1次為限。接見經過之時間，同為第93-1條第1項所定不予計入檢警共用24小時計算之事由。（刑訴§34 II）

可是勾串證人或共犯可能只是一個眼神，更何況是1小時的接見。所以，如果檢察官遇有急迫情形且具正當理由時，得暫緩律師與被告或犯罪嫌疑人之接見，並指定即時得為接見之時間及場所。該指定不得妨害被告或犯罪嫌疑人之正當防禦及辯護人依第245條第2項前段規定之（訊問在場與陳述意見）權利。（刑訴§34 III）

▶ 限制書

限制辯護人與羈押之被告接見或互通書信，應用限制書。（刑訴§34-1 I）限制書，應記載下列事項：

1. 被告之姓名、性別、年齡、住所或居所，及辯護人之姓名。
2. 案由。
3. 限制之具體理由及其所依據之事實。
4. 具體之限制方法。
5. 如不服限制處分之救濟方法。（刑訴§34-1 II）

限制書，由法官簽名後，分別送交檢察官、看守所、辯護人及被告。（刑訴§34-1 IV）如果是在偵查中，檢察官認羈押中被告有限制之必要者，應以書面記載前開第1至4款之事項，並檢附相關文件，聲請該管法院限制。但遇有急迫情形時，得先為必要之處分，並應於24小時內聲請該管法院補發限制書；法院應於受理後48小時內核復。檢察官未於24小時內聲請，或其聲請經駁回者，應即停止限制。（刑訴§34-1 V）檢察官所提出的聲請，如果遭到法院駁回，不得聲明不服。（刑訴§34-1 VI）

▶ 抗告與準抗告

對於限制辯護人與被告接見或互通書信之裁定，雖然屬於判決前訴訟程序之裁定，依據刑事訴訟法第404條規定，還是得以抗告。

如果是審判長、受命法官、受託法官或檢察官以處分為之，包括對於限制辯護人與被告接見或互通書信之處分，以及對於第34條第3項指定之處分（得暫緩律師與被告或犯罪嫌疑人之接見，並指定即時得為接見之時間及場所），依據刑事訴訟法第416條第1項規定，受處分人得聲請所屬法院撤銷或變更之。

▶ 撤銷羈押的原因

共諜案要犯黃正安因人為疏忽或電腦操作疏失，導致羈押裁定送達逾期，臺灣高等法院依法必須撤銷羈押將黃某釋放，導致輿論一片譁然。

什麼是撤銷羈押？原因有哪些？

羈押的撤銷亦即使羈押的效力歸於消滅，使被羈押人回歸自由。我國刑事訴訟法所規定之羈押的撤銷態樣有二：

【法定撤銷】羈押的原因消滅	刑訴法第107條第1項：「羈押於其原因消滅時，應即撤銷羈押，將被告釋放。」
【擬制撤銷】羈押之原因仍然存在，但是法律規定某種情形視為有撤銷羈押的原因。	⊙延長裁定未經合法送達（刑訴§108Ⅱ） ⊙羈押期間已滿未經起訴或裁判者（刑訴§108Ⅶ） ⊙羈押期間已逾原審判決之刑期（刑訴§109） ⊙受不起訴或緩起訴之處分者（刑訴§259Ⅰ） ⊙諭知無罪、免訴、免刑、緩刑、罰金或易以訓誡或第303條第3款、第4款不受理之判決（刑訴§316）

共諜案要犯黃正安因裁定送達逾期，屬於擬制撤銷中，延長裁定未經合法送達之情形，規定在刑事訴訟法第108條第2項後段：「羈押期滿，延長羈押之裁定未經合法送達者，視為撤銷羈押。」

其他相關條文如下：

刑事訴訟法第108條第7項前段：「羈押期間已滿未經起訴或裁判者，視為撤銷羈押。」

刑事訴訟法第109條：「案件經上訴者，被告羈押期間如已逾原審判決之刑期者，應即撤銷羈押，將被告釋放。但檢察官為被告之不利益而上訴者，得命具保、責付或限制住居。」

實務見解 流浪法庭 30 年

這種情形讓筆者想起一件案例，民國68年，三名第一銀行主管因案遭到收押禁見，隔年地方法院判定有罪，三人不服上訴，71年，高等法院仍判三人有罪。同年底，最高法院發回更審。從此之後，開始法院的流浪之旅，反覆上訴、發回的結果，讓這三人與法院結了30年的緣分，而這個緣分終點在哪裡？卻還不知道。(參閱「流浪法庭30年！臺灣三名老人的真實故事」)

提到這個例子，主要是說明三個人所耗費的生命，早已超過法院判處最重的刑期。假設三個人仍在被羈押中，似乎也沒有羈押的必要性了。例如原審判決才4年半，羈押卻已經超過4年半，就應該撤銷羈押將被告釋放。即使檢察官認為法院判刑過輕而繼續上訴，仍不得羈押，僅能命具保、責付或限制住居。

其次，如果偵查結果是不起訴處分，則視為撤銷羈押，規定在刑訴法第259條第1項：「羈押之被告受不起訴或緩起訴之處分者，視為撤銷羈押，檢察官應將被告釋放，並應即時通知法院。」若審理結果為無罪、免訴、免刑、緩刑、罰金或易以訓誡或特定之不受理之判決，也視為撤銷羈押。規定在刑訴法第316條：「羈押之被告，經諭知無罪、免訴、免刑、緩刑、罰金或易以訓誡或第303條第3款、第4款不受理之判決者，視為撤銷羈押。但上訴期間內或上訴中，得命具保、責付或限制住居；如不能具保、責付或限制住居，而有必要情形者，並得繼續羈押之。」

所謂第303條第3款及第4款的不受理判決，第3款是指具有「告訴或請求乃論之罪，未經告訴、請求或其告訴、請求經撤回或已逾告訴期間者」之情形；第4款是指「曾為不起訴處分、撤回起訴或緩起訴期滿未經撤銷，而違背第260條之規定再行起訴者」之情形。具備上述情形，法院應該諭知不受理的判決。

▶ 如何具保停止羈押？

　　停止羈押，是指以羈押的裁定依然有效，只是以具保等其他替代手段的方式代替羈押。所謂「生命誠可貴，愛情價更高，若為自由顧，兩者皆可拋」。若能用錢代替限制個人自由的羈押，只要財務狀況許可，通常會傾向具保的替代手段。

　　依據刑訴法第110條第1項規定：「被告及得為其輔佐人之人或辯護人，得隨時具保，向法院聲請停止羈押。」例如總統府前副秘書長陳哲男被控收受政治獻金、涉嫌司法黃牛案，臺北地方法院認為陳哲男涉嫌重大，且有串證之虞，裁定羈押了一陣子，陳哲男聲請具保停止羈押，臺北地方法院認為陳哲男涉案事實屬於重罪，且有勾串證人之虞，仍有羈押之必要，裁定加以駁回。扁案也曾多次聲請具保停止羈押，但法院認為前總統陳水扁涉犯重罪、加上海外鉅款仍未匯回，有逃亡之虞等羈押原因依舊存在，因此多次裁定駁回聲請。

　　另前嘉義縣議長余政達未入監服刑遭發布通緝，通緝時效50年。余某在2007年嘉義縣承辦臺灣燈會期間，向廠商索賄100萬元，以公務員藉勢、藉端勒索財物罪判刑10年4月，褫奪公權5年。

　　撰寫具保停止羈押的範本，如右圖：

刑事 聲請具保停止羈押 狀

案號：○年度○字第○號

股別：○股

訴訟標的金額或價額：

聲請人：○○○　　　住居所：○○○○○○

相對人：○○○　　　住居所：○○○○○○

爲聲請裁定具保停止羈押事

一、被告○○因○○年度○字第○○○號○○○○案
　　件，現由貴院羈押中。
二、聲請人係被告本人之○○（載明何種關係），因
　　○○○，已無羈押被告的原因與必要。爲此依刑事
　　訴訟法第110條第1項聲請准予具保，以停止羈押。

此致

○○地方法院 公鑒

證物名稱及件數：

　　　　　　具狀人：○○○　印
　　　　　　撰狀人：○○○　印

中　華　民　國　○　○　年　○　○　月　○　○　日

註明羈押的案號

說明是何種親屬，例如配偶。並說明停止羈押的具體事實

如果是有一些特殊的情況，法院就沒有裁量的餘地，而必須要裁定具保停止羈押，不得駁回聲請。這些情況包括下列幾種：（刑訴 §114）

① 輕罪 —— 所犯最重本刑為3年以下有期徒刑、拘役或專科罰金之罪者。但累犯、有犯罪之習慣、假釋中更犯罪或依第101-1條第1項羈押者，不在此限。

② 懷孕 —— 懷胎5月以上或生產後2月未滿者。

③ 生病 —— 現罹疾病，非保外治療顯難痊癒者。

第一種的輕罪，還是有例外的情況，如果是累犯、常業犯、有犯罪之習慣，假釋中更犯罪或依刑事訴訟法第101-1條第1項規定羈押者，則法院仍得裁定加以駁回。

刑事訴訟法第101-1條第1項規定，主要是針對被告觸犯特定條文的放火罪、妨害風化罪、妨害自由罪、強制罪、恐嚇危害安全罪、竊盜罪、搶奪罪、詐欺罪、恐嚇取財罪，雖然並非屬於重罪，但法院認為有反覆實施的可能性，若未能將被告羈押，可能繼續在外面持續為非作歹，則法院仍有裁量的餘地，對於聲請仍然可以裁定駁回。

此種原則上法院沒有裁量餘地的具保停止羈押類型，撰寫範本如右圖：

刑事 聲請具保停止羈押 狀

案號：○○年度○○字第○○號

股別：○○股

訴訟標的金額或價額：

聲請人：○○○　　　　住居所：○○○○○○

相對人：○○○　　　　住居所：○○○○○○

為聲請裁定具保停止羈押事

一、被告○○因○○年度○字第○○○號○○○○案
　　件，現由貴院羈押中。

二、聲請人係被告本人之○○（載明何種關係），因
　　○○○。為此依刑事訴訟法第110條、第114條規
　　定，聲請具保停止羈押。

此致

○○地方法院 公鑒

證物名稱及件數：

　　　　　　　　　具狀人：○○○　[印]

　　　　　　　　　撰狀人：○○○　[印]

中 華 民 國 ○ ○ 年 ○ ○ 月 ○ ○ 日

請寫下以下原因之一：(1)被告所犯最重本刑為3年以下有期徒刑、拘役或專科罰金之罪且非累犯、有犯罪之習慣、假釋中更犯罪或依刑事訴訟法第101-1條第1項羈押者；(2)懷有○月之身孕；(3)甫於○年○月○日生產；(4)現罹疾病，非保外治療顯難痊癒

具保須繳納保證金，對於手頭比較緊的當事人，有時候是不小的負擔，甚至於當事人間已經和解，卻因為沒錢而發生困境，這時候可以參考下列書狀，聲請改以保證書的方式，將保證金退回。

刑事聲請改換保證書狀

案號：○○　　　　　　　　　　股別：○○
聲請人：○○○　　　　　　　　住居所：○○○○○○

爲請准以保證書換領所繳保證金事
聲請人因○○年度○○字第○○○號○○○案件，經依法繳納保證金現款新臺幣○○○元。因聲請人已與被害人成立和解，須以所繳上開保證金賠償被害人，爲此特覓妥保證人，請准以保證書替換並領回上開保證金。

此致
○○ 法院 公鑒

證物名稱及件數：
一、和解書乙件。
二、保證人名稱○○○或營業所○○○。

具狀人：○○○ 印
撰狀人：○○○ 印

中 華 民 國 ○ ○ 年 ○ ○ 月 ○ ○ 日

有時候不好意思請人作保，或者是一時之間找不到朋友來擔保，
但是口袋有錢，可以繳納保證金，就可以參考下列聲請狀，改成以保
證金來替代保證人做擔保。

刑事聲請改換現金保狀

案號：○○　　　　　股別：○○
聲請人：○○○　　　住居所：○○○○○○

為請准予繳納保證金以免提出保證書事
聲請人因○○年度○○字第○○○號○○○案件，經諭命交書面
保。因聲請人一時無法在貴管區域內覓得殷實的人作保，但已籌
足現款，請准以繳納保證金代替之。

此致
○○ 法院 公鑒

證物名稱及件數：

　　　　　　　　　　　具狀人：○○○ 印
　　　　　　　　　　　撰狀人：○○○ 印

中 華 民 國 ○ ○ 年 ○ ○ 月 ○ ○ 日

I 被告經法官訊問後，認為犯下列各款之罪，其嫌疑重大，有事實足認為有反覆實行同一犯罪之虞，而有羈押之必要者，得羈押之：

一、刑法第173條第1項、第3項、第174條第1項、第2項、第4項、第175條第1項、第2項之放火罪、第176條之準放火罪、第185-1條之劫持交通工具罪。

二、刑法第221條之強制性交罪、第222條之加重強制性交罪、第224條之強制猥褻罪、第224-1條之加重強制猥褻罪、第225條之乘機性交猥褻罪、第226-1條之強制性交猥褻之結合罪、第227條之與幼年男女性交或猥褻罪、第271條第1項、第2項之殺人罪、第272條之殺直系血親尊親屬罪、第277條第1項之傷害罪、第278條第1項之重傷罪、性騷擾防治法第25條第1項之罪。但其須告訴乃論，而未經告訴或其告訴已經撤回或已逾告訴期間者，不在此限。

三、刑法第296-1條之買賣人口罪、第299條之移送被略誘人出國罪、第302條之妨害自由罪。

四、刑法第304條之強制罪、第305條之恐嚇危害安全罪。

五、刑法第320條、第321條之竊盜罪。

六、刑法第325、326條之搶奪罪、第328條第1項、第2項、第4項之強盜罪、第330條之加重強盜罪、第332條之強盜結合罪、第333條之海盜罪、第334條之海盜結合罪。

七、刑法第339條、第339-3條之詐欺罪、第339-4條之加重詐欺罪。

八、刑法第346條之恐嚇取財罪、第347條第1項、第3項之擄人勒贖罪、第348條之擄人勒贖結合罪、第348-1條之準擄人勒贖罪。

九、槍砲彈藥刀械管制條例第7條、第8條之罪。

十、毒品危害防制條例第4條第1項至第4項之罪。

十一、人口販運防制法第34條之罪。

Ⅱ前條第2項至第4項之規定，於前項情形準用之。

【刑事訴訟法第110條第1、2項】

Ⅰ被告及得為其輔佐人之人或辯護人，得隨時具保，向法院聲請停止羈押。

Ⅱ檢察官於偵查中得聲請法院命被告具保停止羈押。

【刑事訴訟法第114條】

羈押之被告，有下列情形之一者，如經具保聲請停止羈押，不得駁回：

一、所犯最重本刑為3年以下有期徒刑、拘役或專科罰金之罪者。但累犯、有犯罪之習慣、假釋中更犯罪或依第101-1條第1項羈押者，不在此限。

二、懷胎5月以上或生產後2月未滿者。

三、現罹疾病，非保外治療顯難痊癒者。

8 搜索

搜索，主要是找出犯罪事證，而對於住居所、營業所、身體等，施以搜查的強制處分。若發現犯罪事證，則必須進行扣押的程序。

搜索必須使用「搜索票」。（刑訴§128 I）並應記載：一、案由。二、應搜索之被告、犯罪嫌疑人或應扣押之物。但被告或犯罪嫌疑人不明時，得不予記載。三、應加搜索之處所、身體、物件或電磁紀錄。四、有效期間，逾期不得執行搜索及搜索後應將搜索票交還之意旨。（刑訴§128 II）搜索票是由法官核發，由於搜索侵害人民基本權利甚鉅，透過法官的審查，決定搜索是否有必要性，無搜索票者，原則上不能進行搜索。

搜索票核發的程序，主要是由檢察官向法官聲請，如果是司法警察官，則必須經由檢察官的許可，再向法院聲請搜索票。無搜索票的搜索分成三種，包括「附帶搜索」、「緊急搜索」、「同意搜索」。

搜索 ─┬─ 有搜索票
　　　└─ 無搜索票 ─┬─ 附帶搜索
　　　　　　　　　　├─ 緊急搜索
　　　　　　　　　　└─ 同意搜索

▶ 附帶搜索

搜索票是保障人民基本權利的制度，讓我國不會成為警察國家，但是衡量實務上的需求，在特定的情況下還是必須容許執法人員進行搜索。在逮捕、拘提或羈押時，有權對身體、隨身攜帶物品、交通工具及立即可接觸之處所進行搜索。此即刑事訴訟法第130條「附帶搜索」之規定。

【刑事訴訟法第130條】

檢察官、檢察事務官、司法警察官或司法警察逮捕被告、犯罪嫌疑人或執行拘提、羈押時，雖無搜索票，得逕行搜索其身體、隨身攜帶之物件、所使用之交通工具及其立即可觸及之處所。

實務案例 大炳吸毒案

知名影星大炳因為在公共場所公然吸毒，調查人員認為在其賓士車內還藏有其他的毒品，遂搜索其身體及車內，果然在上衣右口袋、駕駛座下方搜到幾包安非他命。

如果必須聲請到搜索票，才能搜索大炳的身體與汽車，吸毒的相關罪證有被湮滅之疑慮，或者是歹徒口袋中暗藏小刀，趁執法人員不備時，拿刀將執法人員刺傷，因此法律賦予附帶搜索之權利。

▶ 緊急搜索

一、緊急搜索之概念

　　如果偵查案件都有一套過於嚴謹的程序，在某些緊急情況下，恐怕將無法有效打擊犯罪。因此，在特定的緊急狀況下，「暫時性」的容許執法人員不需取得搜索票，即可以進行搜索。但是，事後要陳報法院，由法院決定未經事先允許的緊急搜索是否合法。

　　若警察巡邏在轄區內巡邏，忽然聽到有女子在屋內大聲呼救，顯然正遭歹徒侵犯中，警察即可立即翻牆而入，在屋內尋找歹徒的蹤跡；另外，已遭槍決的陳進興，在未遭逮捕前到處犯案，有一次接獲線報發覺其行蹤而進行追捕時，陳進興躲入民宅，警方遂進行逐層搜索。這些都是緊急搜索的一種，並不會觸犯刑法侵入住宅的罪名。

二、緊急搜索之類型

　　緊急搜索僅限於住宅或處所，範圍相較於附帶搜索，顯然較為狹小。主要有四種：

1. 逮捕被告、犯罪嫌疑人，或執行拘提、羈押時，有事實足認被告或犯罪嫌疑人確實在內。（刑訴§131Ⅰ①）

2. 追躡現行犯或逮捕脫逃人，有事實足認現行犯或脫逃人確實在內。（刑訴§131Ⅰ②）

3. 有明顯事實足信有人在內犯罪而情形急迫者。（刑訴§131Ⅰ③）

4. 檢察官於偵查中確有相當理由認為情況急迫，非迅速搜索，24小時內證據有偽造、變造、湮滅或隱匿之虞者，得逕行搜索，或指揮檢察事務官、司法警察官或司法警察執行搜索，並陳報檢察長。（刑訴§131Ⅱ）

三、陳報法院

　　緊急搜索，有如「先斬後奏」，事後還是要在3日內陳報法院，由法院判斷是否合乎法律規定，如果認為合法，並不會撤銷緊急搜索，如果認為不符合緊急搜索的要件，則會撤銷搜索行為，因而扣得的物品，都不能作為證據。（刑訴§131Ⅲ、Ⅳ）

> 【刑事訴訟法第131條第4項】
>
> 　第1、2項之搜索執行後未陳報該管法院或經法院撤銷者，審判時法院得宣告所扣得之物，不得作為證據。

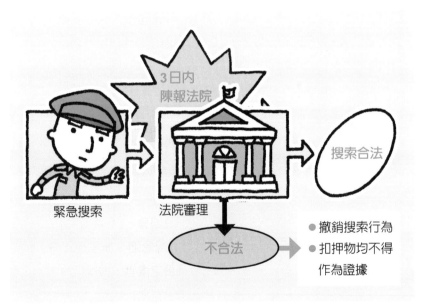

▶ 同意搜索

無搜索票而經受搜索人之同意之搜索，刑訴第131-1條：「搜索，經受搜索人出於自願性同意者，得不使用搜索票。但執行人員應出示證件，並將其同意之意旨記載於筆錄。」

許多民眾容易對司法人員產生畏懼感，或者是為了表示自身的清白，同意讓司法人員搜索，事後會有一種迫於權勢、出於無奈性質的搜索。實際上，這是可以自己決定，也應該好好考慮的權利。

如果你是被搜索人，必須要求執行人員提出證件；其次，還要仔細看看自願受搜索同意書的內容，以瞭解自己的權利。

實務見解 小心，詐騙集團！

現在詐騙集團相當多，而且常常會偽造證件出現在當事人的面前，透過實體人物的出現來取信被害人，所以遇到類似情形，可以委請律師到場，由律師協助確認搜索人的身分。

如果沒有聘請律師，也應該要適時地請當地里長與警方協助查證，確認是否真的是執法人員，再決定是否同意搜索，避免因為疏於查證，而掉入詐騙集團挖的陷阱之中而悔不當初。

自願受搜索同意書

本人○○○同意○○○○○○○○○○（搜索機關名稱），於民國
○○年○○月○○日○○時○○分進行搜索。

- ☑ 處所
- ☑ 物件
- ☑ 電磁紀錄
- ☐ 本人身體

立此同意書
受搜索人：○○○　㊞
住（居）所：○○○○○○○○○○○○○○○
身分證字號：○○○○○○○○○○

中　華　民　國　○　○　年　○　○　月　○　○　日

※以上僅是參考範本。

9 扣押

▶ 扣押之基本概念

　　扣押，指對於可為證據或得沒收之物，取得占有之對物的強制處分，與搜索、通訊監察同屬以物為強制對象之處分。相較於傳喚、通知、拘提、逮捕、緊急逮捕、羈押等六種，屬於對人之強制處分有所不同。刑事訴訟法第133條：「Ⅰ可為證據或得沒收之物，得扣押之。Ⅲ對於應扣押物之所有人、持有人或保管人，得命其提出或交付。」例如前總統陳水扁七億洗錢案，特偵組進入陳水扁家中，將電腦及其他涉案證物扣押，此為第一次針對卸任總統進行搜索扣押的強制處分。

▶ 扣押之程序

一、檢察官或法官親自實施或命司法警察（官）執行

　　扣押，除由法官或檢察官親自實施外，得命檢察事務官、司法警察（官）執行。命檢察事務官、司法警察（官）執行扣押者，應於交與之搜索票內，記載其事由。（刑訴§136）如遇無正當理由拒絕提出或交付或抗拒扣押者，得用強制力扣押。（刑訴§138）

二、當事人及辯護人在場

　　當事人及審判中之辯護人得於搜索或扣押時在場。但被告受拘禁，或認其在場於搜索或扣押有妨害者，不在此限。（刑訴§150Ⅰ）

扣押物之處理

加封緘或其他標籤

由扣押之機關或公務員蓋印。以證明未經非法入侵及竄改。（刑訴§139Ⅱ）

適當處置扣押物

扣押物是由公家機關暫時取得占有，以保全證據為目的。為避免喪失或毀損，自然有權為適當的處置。例如即時化驗，以防止喪失證據力。（刑訴§140Ⅰ）

扣押物之處理

不便搬運或保管之扣押物，得命人看守或命所有人或其他適當之人保管。（刑訴§140Ⅱ）

易生危險之扣押物，得毀棄之。（刑訴§140Ⅲ）

有喪失毀損、減低價值之虞或不便保管、保管需費過鉅者，得變價之，保管其價金。（刑訴§141Ⅰ）

扣押物之處置或保管

扣押物之毀棄或拍賣

搜索或扣押時，如認有必要，得命被告在場。（刑訴§150Ⅱ）行搜索或扣押之日、時及處所，應通知前二項得在場之人。但有急迫情形時，不在此限。（刑訴§150Ⅲ）其他，則視情形命住居人或看守人或可為其代表之人在場，或通知政府機關長官在場。（刑訴§148、149）

三、出示搜索票

執行扣押，除依法得不用搜索票或扣押裁定之情形外，應以搜索票示刑事訴訟法第148條在場之人。（刑訴§145）

四、為必要之扣押處分

為扣押之目的，得開啟鎖扃、封緘或為其他必要之處分；並得封鎖現場、禁止出入。（刑訴§144）扣押暫時中止，則將扣押處所加以閉鎖，並命人看守。（刑訴§151）

實務案例 張榮味的保險箱

雲林地檢署偵辦林內焚化爐案，搜索張榮味的住所，大批媒體得知消息蜂擁而至，拍攝到檢方以吊車將張榮味家中的保險箱吊起的畫面，引發張某之不滿，認為保險箱只不過放手錶與一些小物品，並無重要資料，何必如此大陣仗。

五、搜索票所未記載之應扣押之物

在犯罪現場發現搜索票或扣押裁定未記載之扣押物，為了發現犯罪證據，自亦應扣押之。（刑訴§137Ⅰ）惟應於實施後3日內陳報檢察官及法院。（刑訴§137Ⅱ許用§131Ⅲ）如果是另案應扣押之物，亦得扣押之，分別送交該管法院或檢察官。（刑訴§152）

六、制作扣押收據

扣押，應制作收據，詳記扣押物之名目，付與所有人、持有人或保管人。（刑訴§139 I）扣押物，應加封緘或其他標識，由扣押之機關或公務員蓋印。（刑訴§139 II）

▶ 媒體可否進入搜索現場拍攝？

警方一腳踹開大門，衝入犯罪現場，迅速地將剛睡醒，穿著小內褲，還來不及反應的歹徒制服在地上，雙手反銬在背上！

大批媒體記者跟隨在後，將這一幕幕英勇的表現，透過攝影機的拍攝傳入每一位民眾家中的電視機。民眾茶餘飯後、觀看新聞之餘，除了讚揚警方的勇敢外，還大聲痛責穿著小內褲的歹徒，光著屁股在全臺灣民眾前面，真是罪有應得。

警方偵查犯罪事證，取得可靠的線索，向法院聲請搜索票也獲得准許，為了提高曝光率，非以記者會的方式，適度地宣傳打擊犯罪的成果，反而私底下向記者暗示辦案的行動，除了違反偵查不公開之原則，嚴重侵害了嫌犯的隱私權。

記者任意進入民宅，拍攝歹徒遭警方逮捕的畫面觸犯了刑法侵入住宅的罪名。因為，法院核發搜索票，允許警方進入特定犯罪場所，並未包括允許記者進入，所以記者不能主張新聞自由而任意進入涉嫌人的住居所。

▶ 聲請發還扣押物

　　通常等到判決確定後，一切都塵埃落定時，假設扣押物未經諭知沒收者，應即發還。當事人可以具狀，請求聲請發還扣押物。

　　撰寫範例如下：

刑事聲請發還扣押物狀

案號：101年度訴字第1000001號　　　股別：○股

聲請人：吳大毛　　　　住：臺北市凱達格蘭大道1號

（即自訴人或被告）　　行動電話：0911-111111

送達代收人：　　　　　址設：

　　　　　　　　　　　電話：

請准予發還扣押物事

聲請人被訴（或自訴被告）強盜殺人案（臺北地方法院○○年度訴字第○○○○○○○號），曾經　貴院扣押聲請人所有○○○○在案。因該案業已判決確定，該物並未經諭知沒收，依刑事訴訟法第317條規定，聲請准予發還。

謹　　　狀

臺灣臺北地方法院 公鑒

證物名稱及件數：

　　　　　　　　具狀人：吳大毛　［印］

　　　　　　　　撰狀人：○○○　［印］

中　華　民　國　○　○　年　○　○　月　○　○　日

> 寫明物品名稱，被扣押時會收到一張扣押清單，可參考該紙清單撰寫

【刑事訴訟法第317條】

扣押物未經諭知沒收者，應即發還。但上訴期間內或上訴中遇有必要情形，得繼續扣押之。

聲請發還贓物狀（範例）

聲請人：陳大毛　　　　　　　住居所：○○○

……（略）

為請准予發還贓物事

聲請人前遭被告○○○^{竊取}○○○案（○○年度○○字第○○○號），業經貴院判處被告罪刑確定。扣案的贓物為聲請人所有，現已無繼續扣押的必要。為此依刑事訴訟法第142條規定，聲請准予發還聲請人。

謹狀
○○地方法院刑事庭　公鑒

相關證物：

具狀人：陳大毛　[印]
撰狀人：○○○　[印]

中　華　民　國　○○　年　○○　月　○○　日

10 通訊監察

▶ 通訊監察之概念

通訊監察乃執法機關偵查手段之一，主要規範依據為通訊保障及監察法。通訊監察之定義為「除在私人住宅裝置竊聽器、錄影設備或其他監察器材外，以截收、監聽、錄音、錄影、攝影、開拆、檢查、影印或其他類似之必要方法，截取利用電信設備發送、儲存、傳輸或接收符號、文字、影像、聲音或其他信息之有線及無線電信、郵件及書信與言論及談話之行為。」舉凡聲音、文字、圖片、影像、電子郵件、傳真文件、電腦網路或其他資訊的截取均包括在內，並不限於電子方式。（通保法§3、13）

▶ 核發權力回歸法院

96年7月11日修正通訊保障及監察法前，檢察官有權核發通訊監察書，惟檢察官在組織之隸屬上，具有行政機關的性質，難免予人濫權之質疑。故該法修正後，則須由檢察官敘明理由、檢附相關文件，聲請該管法院核發。（通保法§5Ⅱ）

若是屬於情報性通訊監察，其通訊監察書之核發，應先經綜理國家情報工作機關所在地之高等法院專責法官同意。

實務見解 王令麟簡訊露餡事件

　　96年間，王令麟因東森集團涉嫌不法，遭檢察官向法院聲請羈押，原本法院以1億元交保，檢察官立即抗告，提出監聽到的三則簡訊，如「要通知申，你們館前路九樓不知有無乾淨，早上已經中間抽屜都碎完了」等，被認為有湮滅事證之嫌而遭法院裁定羈押。

通訊監察之種類與要件

一般犯罪通訊監察　➡　通保法§5

特定犯罪	危害性	關連性	最後手段性
有概括犯罪（通保法§5Ⅰ①），也有列舉規定（通保法§5Ⅰ②～⑱）　+	危害國家安全、經濟秩序或社會秩序情節重大　+	有相當理由可信其通訊內容與本案有關　+	不能或難以其他方法蒐集或調查證據

情報性通訊監察　➡　通保法§6

特定犯罪	外國情報
通保法§6Ⅰ之特定犯罪　+	為防止他人生命、身體、財產之急迫危險或有§5Ⅰ犯罪聯絡而情形急迫者

情報性通訊監察　➡　通保法§7

國家安全侵害性	外國情報	必要性
為避免國家安全遭受侵害　+	蒐集外國情報或境外勢力情報　+	必要性

▶ 通信紀錄及通信使用者資料之限制

民國103年，因為柯建銘、王金平先生涉及不法遭監聽，導致通訊保障及監察法大幅度修正，連通信紀錄、使用者資料可以調閱的範圍也大幅度限縮：1、最重本刑3年以上有期徒刑之罪；2、於本案之偵查有必要性及關連性。程序上，除有急迫情形不及事先聲請者外，應以書面聲請該管法院核發調取票。（通保法§11-1）

只是這樣子真的能保障民眾的隱私權嗎？

恐怕也未必。因為拔掉了司法機關的偵查工具，讓不法之徒有更寬廣的空間為非作歹，未來當您在網路上被誹謗、公然侮辱，想要查出到底是誰所為，執法機關只能兩手一攤，回覆說：抱歉，此資料依法不得調閱。（非檢察官的司法警察、司法警察官似乎只有通信紀錄遭到限制）

【通訊保障及監察法第11-1條第1、2項】

Ⅰ 檢察官偵查最重本刑3年以上有期徒刑之罪，有事實足認通信紀錄及通信使用者資料於本案之偵查有必要性及關連性時，除有急迫情形不及事先聲請者外，應以書面聲請該管法院核發調取票。聲請書之應記載事項，準用前條第1項之規定。

Ⅱ 司法警察官因調查犯罪嫌疑人犯罪情形及蒐集證據，認有調取通信紀錄之必要時，得依前項規定，報請檢察官許可後，向該管法院聲請核發調取票。

第四篇
起　訴

1 起訴、不起訴處分 與緩起訴處分

　　案件偵查到最後，總是要有個結果，一般而言，檢察官偵查後，通常會有下列幾種方式：

起　訴	檢察官偵查後，依所獲得的證據，如果認定被告確實有犯罪的嫌疑，就會對被告提起公訴。
不起訴	倘若檢察官查無被告犯罪的證據，或者認為案件具備其他不應起訴之特殊事由時，就會以不起訴處分結案。
緩起訴	現在檢察官還有一個「緩起訴處分」的法寶，不用決定是否起訴，就可以讓涉嫌特定犯罪的被告「留校察看」一段期間，而被告只要在這段期間內安分守己，其所涉嫌的罪就會一筆勾消！正因如此，不但檢察官樂用，連被告也都努力主動向檢察官爭取這項「福利」！

　　例如，伍姓醫師涉嫌在火車上向身旁熟睡的女乘客伸出鹹豬手摸胸部，同車乘客見義勇為，出面阻止，並合力將醫師扭送警局法辦；伍姓醫師事後非常懊悔，辯稱當時因為睡著了不小心靠過去，才觸碰到女乘客的胸部，為避免訴訟造成更多的傷害，所以承認犯行，宜蘭地檢署處以緩起訴處分，伍姓醫師必須給付女乘客2萬元之精神賠償，另捐出1萬元給公益團體。

檢察官偵查

足認被告確
有犯罪嫌疑

● 欠缺刑訴第252條的起訴
　要件（含犯罪嫌疑不足）
● 不得上訴第三審的輕罪，
　且被告情有可原
● 被告其他案件已經被判決
　重罪確定

最輕本刑不超
過3年的犯罪

提起公訴

緩起訴處分

不起訴處分

有刑訴第253
條之3情形

告訴人7天內聲請再議

撤　　銷

審判階段

有理

無理

被告7日內得
聲請再議

續行偵查或起訴

再議駁回

10日內聲請交付審判

▶ 起訴

檢察官依偵查所得的證據，足認被告有犯罪嫌疑，即應提起公訴。

至於什麼叫「足認」被告有犯罪嫌疑？

這是一個很抽象的價值判斷問題，也很難加以量化。其認定被告犯罪的嫌疑程度，大概介於「對被告開始偵查」（可能的懷疑）與「判決被告有罪」（確信無疑）之間，一切交由檢察官自由心證。

【刑事訴訟法第251條第1項】

檢察官依偵查所得之證據，足認被告有犯罪嫌疑者，應提起公訴。

檢察官決定起訴後，會向法院提出一份起訴書，並且會寄一份給被告，其內容會記載下列事項：（刑訴§264 I、II）

- 被告之姓名、性別、年齡、籍貫、職業、住所或居所或其他足資辨別之特徵。
- 犯罪事實及證據並所犯法條。

Q：被告在偵查時所做的答辯，檢察官是否要在起訴書中交代、反駁？

A：刑事訴訟法並沒有規定。也因此，有的檢察官會在起訴書中鉅細靡遺地交代各項犯罪細節，並對被告的辯解詳附理由提出駁斥；有的卻只是空泛地交代犯罪事實、證據及所犯法條，卻沒有辦法讓被告明白瞭解檢察官如何認定他犯罪。

▶ 不起訴處分

檢察官調查相關的事實、證據後，如果認為被告所涉嫌的案件有下列情形之一，就必須做出不起訴之處分：(刑訴§252)

- 曾經判決確定者。
- 時效已完成者。
- 曾經大赦者。
- 犯罪後之法律已廢止其刑罰者。
- 告訴或請求乃論之罪，其告訴或請求已經撤回或已逾告訴期間者。
- 被告死亡者。
- 法院對於被告無審判權者。
- 行為不罰者。
- 法律應免除其刑者。
- 犯罪嫌疑不足者。

❶ 見本書第39～41頁

❷ 眾所矚目的319槍擊案，檢察官就是以被告死亡為由（陳義雄墜海身亡），做出不起訴處分而結案。

❸ 影響政壇多年的「興票案」，也是以犯罪嫌疑不足而以不起訴處分作為結束。

因為犯罪嫌疑不足而不起訴的案件，則因為緩起訴制度的實施而有減少的趨勢。

而傷害、妨害名譽等須「告訴乃論」的罪，也往往因為告訴人撤回告訴或超過6個月的告訴期間（已逾告訴期間），也是常見的不起訴處分案件。

■輕微案件之不起訴處分

此外，對於某些起訴後不得上訴第三審的案件（一般都是犯罪情節輕微的案件，請參考本書有關上訴第三審的相關說明），檢察官偵查後，雖然認為被告確實有犯罪嫌疑，但情有可原，也可以做出不起訴處分，而不見得一定要起訴。只是，這種不起訴處分的情形，因為緩起訴制度的實施，比例降低了不少。（參見刑訴§253、376）

【刑事訴訟法第253條】

第376條第1項各款所規定之案件，檢察官參酌刑法第57條所列事項，認為以不起訴為適當者，得為不起訴之處分。

【刑事訴訟法第376條】

Ⅰ下列各罪之案件，經第二審判決者，不得上訴於第三審法院。但第一審法院所為無罪、免訴、不受理或管轄錯誤之判決，經第二審法院撤銷並諭知有罪之判決者，被告或得為被告利益上訴之人得提起上訴：

一、最重本刑為3年以下有期徒刑、拘役或專科罰金之罪。

二、刑法第320條、第321條之竊盜罪。

三、刑法第335條、第336條第2項之侵占罪。

四、刑法第339條、第341條之詐欺罪。

五、刑法第342條之背信罪。

六、刑法第346條之恐嚇罪。

七、刑法第349條第1項之贓物罪。

Ⅱ依前項但書規定上訴，經第三審法院撤銷並發回原審法院判決者，不得上訴於第三審法院。

■執行無益之不起訴處分

最後，還有一種「執行無益的不起訴處分」，因為被告犯有數罪，其中一罪已經受到重刑的判決確定（譬如死刑、無期徒刑、或併科執行的刑度已經達到有期徒刑的30年上限），其他罪雖然起訴，對被告的刑度也不會再有任何影響，這時候檢察官也可以做不起訴處分。(參見刑訴§254)

■不起訴處分的效力

不起訴處分一旦確定，原則上檢察官就不能對同一案件再行起訴。對一般的被告而言固然是件好事，但是有些不起訴的原因，卻是讓被告的名譽受損。譬如被檢調認為是319槍擊案主嫌的陳義雄已經死亡，檢察官因而以不起訴處分結案這樣的結果，陳義雄的家屬顯然無法接受，認為法院根本還沒有定罪，他們卻一輩子將受人指指點點。

因此，刑事訴訟法第260條規定，如果不起訴的案件有下列情形的話，檢察官還是可以對該案件繼續偵查或起訴：

- 發現新事實或新證據者。
- 所憑之證物已證明其為偽造或變造者。
- 所憑之證言、鑑定或通譯已證明其為虛偽者。
- 所憑之通常法院或特別法院之裁判已經確定裁判變更者。
- 參與偵查之檢察官，或參與調查犯罪之檢察事務官、司法警察官或司法警察，因該案件犯職務上之罪已經證明者，或因該案件違法失職已受懲戒處分，足以影響該不起訴處分者。

■如何聲請再議？

如果你是告訴人，突然發現檢察官做出不起訴處分，可能會質疑檢察官沒有好好地調查事證，才會做出不起訴處分。

這時候你該怎麼辦呢？

刑事訴訟法建立一套再議的制度，讓當事人得以透過再議的程序，讓承辦檢察官的上級機關得以再次地檢視不起訴是否妥當，如果確實有該查而未查的事項，就會認為再議有理由，要求原承辦檢察官繼續調查清楚。

以刑法第277條傷害罪為例，再議書狀的範例如右表：

■再議相關規定

告訴人接受不起訴或緩起訴處分書後，得於10日內以書狀敘述不服之理由，經原檢察官向直接上級檢察署檢察長或檢察總長聲請再議。但第253條、第253-1條之處分曾經告訴人同意者，不得聲請再議。（刑訴§256Ⅰ）

再議之聲請，原檢察官認為有理由者，應撤銷其處分，除前條情形外，應繼續偵查或起訴。（刑訴§257Ⅰ）

原檢察官認聲請為無理由者，應即將該案卷宗及證物送交上級法院檢察署檢察長或檢察總長。（刑訴§257Ⅱ）

上級法院檢察署檢察長或檢察總長認再議為無理由者，應駁回之；認為有理由者，第256-1條之情形應撤銷原處分，第256條之情形應分別為左列處分：

一、偵查未完備者，得親自或命令他檢察官再行偵查，或命令原法院檢察署檢察官續行偵查。

二、偵查已完備者，命令原法院檢察署檢察官起訴。

再議聲請狀

案號：○○年度偵字第○○○○○號 股別：○股
告訴人：吳大毛　　　住：臺北市凱達格蘭大道1號
　　　　　　　　　　行動電話：0911-111111
送達代收人：　　　　址設：
　　　　　　　　　　電話：
被告：曾大美　　　　住：臺北市力霸路16號8樓

一、爲臺灣臺北地方法院檢察署○○年度偵字第
　　○○○○○號被告涉嫌傷害罪案件，地檢署竟爲不
　　起訴處分，告訴人等依刑事訴訟法第256條第1項
　　前段規定，於法定期間內聲請再議事：

> 寫下原檢察署受理偵查的案號

二、再議理由：
　（一）○○○。
　（二）○○○。

> 寫下再議的理由，強調原承辦檢察官應查而未查，或適用法令見解之不恰當

三、綜上所陳，原不起訴處分未注意及此，率爾給予被
　　告不起訴處分，難謂妥適，爰於法定期間內聲請再
　　議，請　鈞署鑒察，發回續行偵查，以治被告應得
　　之罪。

謹　　狀
○○地方法院檢察署　轉呈
臺灣高等法院檢察署檢察長　公鑒
證物名稱及件數：

> 依據受理地檢署之名稱填寫

　　　　　　　　　具狀人：吳大毛　印
　　　　　　　　　撰狀人：○○○　印

中　華　民　國　○　○　年　○　○　月　○　○　日

■簽結

對於查無犯罪證據的案件，檢察官除了用不起訴處分結案之外，其內部還有一個不成文的結案方式，稱為「簽結」，就是檢察官以製作內部簽呈的方式把案件終結掉。

譬如眾所矚目的SOGO案，前總統夫人吳淑珍的部分，臺北地檢署檢察官就曾以證據不足為由簽結。

跟不起訴處分最大不同之處，在於不起訴處分必須做成書面，並以正本送達告訴人、告發人、被告及辯護人；但檢察官如果是將案子簽結，卻不會主動通知，也因此常常有當事人打去地檢署詢問後，才知道原來這個案件早就被簽結了！

此外，經檢察官做出不起訴處分的案件，告訴人可以循再議等途徑「翻案」，而在不起訴處分確定後，除非有發現新事實或新證據等事由，否則檢察官不得對該案件再行起訴；但是，經檢察官簽結的案件，告訴人並沒有再議的機會，該案件也沒有確定的時候，檢察官隨時想到，都可以再把它拿出來辦辦！

不過，案子將來是否有被簽結的機會？並非無跡可循。一般可以簽結的案件，其案號通常是「他」字案，如果是「偵」字案，檢察官就必須決定是否起訴，也沒機會簽結了！而被傳喚者在簽結的案件中稱作為「關係人」，因此，如果被檢察官列為「被告」，那麼也不用期待該案件是否有可能被簽結了！

差異點	不起訴處分案件	簽結案件
常見案號	偵字案	他字案
被傳喚者稱謂	被告	關係人
是否將偵查結果送達？	必須書面送達	不用通知
告訴人救濟管道	再議、聲請交付審判	無
效力	確定後除有發現新事實、新證據等法定理由外，檢察官不得再行起訴	檢察官得隨時重啓偵查、起訴

　　簽結的案件通常是事證並不明確，暫時欠缺查證的路線，所以透過行政的程序暫時將案子簽結；但是不起訴或起訴的案件，則通常是依據案件所蒐集的事證，證據不足就不起訴，證據充足就加以起訴。至於如果是案情輕微，過去可以選擇不起訴，但在緩起訴出現之後，大多轉為緩起訴，要求當事人進行公益捐款或公益服務等附帶履行的事項。

◉ 緩起訴處分

　　顧名思義，緩起訴就是「暫緩」起訴的意思，也就是將原本要起訴的案件暫時延緩一下，觀望被告日後的表現後再做決定。如果被告在一定期間內確實能夠安分守己而改過向善，該案就一筆勾消！

　　緩起訴制度有一個適用的基本前提，就是被告所犯的罪，其法定刑不能是死刑、無期徒刑或最輕本刑為3年以上之有期徒刑。舉例而言，故意殺人罪，依刑法第271條規定處死刑、無期徒刑或「10年以上」有期徒刑，並不適用緩起訴；而偽造私文書罪依刑法第210條規定，處5年以下有期徒刑，則其最低本刑為有期徒刑的最低刑度，只有2個月，檢察官就可以斟酌考慮是否給予被告緩起訴了。（刑訴§253-1）

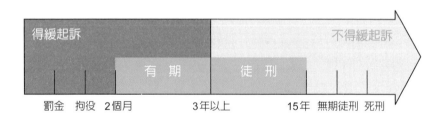

　　符合法定刑的要件後，檢察官還必須參酌刑法第57條所列事項及公共利益之維護，認為適當時，才會做出緩起訴處分，期間為1年以上3年以下。被告如果想要爭取檢察官給予緩起訴處分，也可以依照刑法第57條所列的事項，提出對自己有利的答辯。

以遭鄰居辱罵而毆打鄰居為例：

刑法第 57 條所列項目	答辯範例
□犯罪之動機、目的	基於被害人挑釁才動粗
□犯罪時所受之刺激	被害人三番兩次挑釁，忍無可忍
□犯罪之手段	僅是打一拳，並沒有使用武器
□犯罪行為人之生活狀況	平時安分守己
□犯罪行為人之品行	家世清白，無不良前科紀錄
□犯罪行為人之智識程度	輕度智能障礙，認知能力不足
□犯罪行為人與被害人之關係	鄰居關係，長年飽受鄰居冷嘲熱諷
□犯罪行為人違反義務之程度	被害人挑釁，自招災難
□犯罪所生之危險或損害	被害人表皮挫傷，並無大礙
□犯罪後之態度	肇事後向被害人道歉並賠償醫藥費

以車禍事件為例：

刑法第 57 條所列項目	答辯範例
□犯罪之動機、目的	事出突然，並非故意犯罪
□犯罪時所受之刺激	無
□犯罪之手段	單純煞車不及
□犯罪行為人之生活狀況	作息正常，當天開車精神狀況良好
□犯罪行為人之品行	優良駕駛，無交通違規記點紀錄
□犯罪行為人之智識程度	國中畢業，駕車經驗 10 年
□犯罪行為人與被害人之關係	素昧平生
□犯罪行為人違反義務之程度	經車禍鑑定，被害人為肇事主因
□犯罪所生之危險或損害	被害人手腳受有皮肉挫傷
□犯罪後之態度	肇事後立即報警自首並協助送醫，且已與被害人家屬達成和解

但是，在有被害人的案件中，如果被告無法與被害人達成和解，即使是被害人有意刁難，司法實務上，常見有檢察官為了避免被害人提起再議，就拒絕給予被告緩起訴。因此，在此種有被害人的案件中，被告如果想得到緩起訴的機會，最重要的是花錢消災，儘快與被害人達成和解！

為了使被告知所警惕，並讓被害人也能接受緩起訴的結果，檢察官可以在做出緩起訴處分時，同時命令被告在一定期間內遵守或履行下列事項：（刑訴§253-2 I）

1. 向被害人道歉。
2. 立悔過書。
3. 向被害人支付相當數額之財產或非財產上之損害賠償。
4. 向公庫支付一定金額，並得由該管檢察署依規定提撥一定比率補助相關公益團體或地方自治團體。
5. 向該管檢察署指定之政府機關、政府機構、行政法人、社區或其他符合公益目的之機構或團體，提供40小時以上240小時以下之義務勞務。
6. 完成戒癮治療、精神治療、心理輔導或其他適當之處遇措施。
7. 保護被害人安全之必要命令。
8. 預防再犯所為之必要命令。

其中，第3款及第4款還可以直接聲請民事法院強制執行，以確保被告不會「食言」。（刑訴§253-2 II後段）

第5款義務勞務的項目五花八門，例如臺北市某知名餐廳老闆因為違建被移送法辦，檢察官將之緩起訴，但要求其必須到學校勞動服務。觀護人要求他傳授做年菜的技巧，其所開的課居然爆滿。

另外桃園觀護人室也安排緩起訴的被告陪老人打麻將，在一般打掃工作外，又新增了一項有趣的勞動服務項目。

義務勞務：陪打麻將　　　　　　　義務勞務：教人做菜

緩起訴處分，確可減輕司法負擔；被告因未經過法院判決，所以不會留下犯罪紀錄，不致烙下犯罪的印記；被害人方面也能夠受到保護，如接受道歉或損害賠償。因此，似乎屬於較為人性的司法制度，也能創造出政府、被告及被害人「三贏」的結果。

實務見解 楊宗緯緩起訴案

　　星光幫歌手楊宗緯，因為涉及偽造文書，但有悔改之意，遭檢察官予以緩起訴。緩起訴的條件為：

一、寫500字悔過書。

二、60個小時義務勞務。因為楊宗緯的專長是唱歌，所以主要安排他赴各單位，參加反賄選、反毒活動，透過歌聲來達到宣導法治教育之目的。

▶ 緩起訴處分之撤銷

被告在緩起訴期間內，必須謹言慎行，如有下列情事之一，檢察官得依職權或依告訴人的聲請，撤銷對被告的緩起訴處分：（刑訴§253-3Ⅰ）

情況1	於緩起訴期間內故意更犯有期徒刑以上刑之罪，經檢察官提起公訴者。
情況2	緩起訴前，因故意犯他罪，而在緩起訴期間內受有期徒刑以上刑之宣告者。
情況3	違背刑事訴訟法第253-2條第1項各款之應遵守或履行事項者。（參照本書第136～137頁）

緩起訴處分撤銷後，檢察官就必須對被告繼續進行偵查，甚至因此提起公訴，至於被告依刑事訴訟法第253-2條第1項各款已經履行的部分，也不能請求返還或賠償，到時可說是賠了夫人又折兵！（刑訴§253-3Ⅱ）

至於被告，可以在收到撤銷緩起訴處分書後，在10天內向原檢察官提出「再議聲請書」，並敘明不服的理由，由原檢察官轉呈直接上級法院檢察署檢察長或檢察總長審理。（刑訴§256-1）

2 交付審判

▶ 駁回再議的救濟程序

　　檢察官偵查案件終結後，會做出起訴、不起訴，或緩起訴的決定。若不起訴或緩起訴，有時候影響當事人利益甚鉅。例如檢察官認為罪證不足而不起訴，對於被害家屬而言，可能會認為檢察官偷安怠惰，不好好地追查犯罪事證，才會做出不起訴的結果；或者是認為檢察官對於法令的解釋有所錯誤，例如被害人遭捷運之狼強制親吻5分鐘，又全身亂撫摸，卻認為不成立強制猥褻罪而予以不起訴。因此，為了防止檢察機關濫權，告訴人固然可以提起再議，但是還是有可能又被上級法院檢察署駁回。這時候，告訴人還可透過「交付審判」的程序來救濟。

　　檢察官不願意起訴，再議之後還是遭到駁回，對於當事人的影響實在是很大。這時候刑事訴訟法設計出「交付審判」之程序，也就是直接送至法院，請求法院加以審理裁判。但是，從實務上的運作來看，其透過交付審判而獲得實質裁判上利益者，幾乎是沒有。

▶ 交付審判之程序

　　對於上級法院檢察署駁回再議的處分，得於接受處分書後10日內委任律師提出理由狀，向該管第一審法院聲請交付審判。法院僅就

再議交付審判

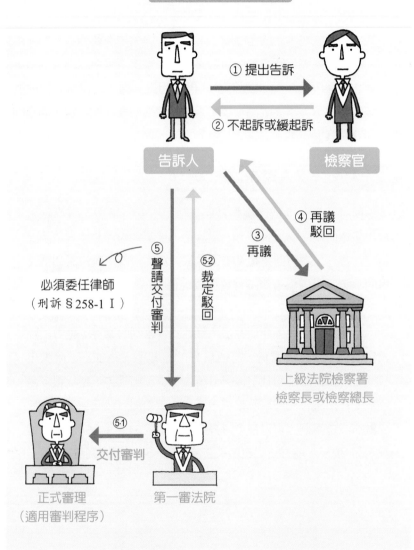

① 提出告訴

② 不起訴或緩起訴

告訴人　　　　　　　　檢察官

④ 再議駁回

③ 再議

⑤ 聲請交付審判

⑤² 裁定駁回

必須委任律師
（刑訴§258-1 Ⅰ）

上級法院檢察署
檢察長或檢察總長

⑤¹ 交付審判

正式審理
（適用審判程序）　　　第一審法院

檢察官所為不起訴或緩起訴之處分是否正確加以審查，而且只能就偵查中曾經出現過的證據進行調查，告訴人不能在交付審判的程序中提出新的證據，法院也不能主動蒐集偵查卷以外之證據。

為什麼不能提出新的證據呢？這樣不是與發現真實的目的相違背嗎？因為，如果發現新事實或新證據時，檢察官還是可以依據刑事訴訟法第260條再行起訴。換言之，「再行起訴」與「交付審判」的制度應該加以區分，不能混為一談，否則將使法院兼任檢察官，而有回復「糾問制度」之虞。

實務見解 馬英九控告侯寬仁案

前總統馬英九控告檢察官侯寬仁偵辦其特別費案時筆錄不實，涉嫌偽造文書罪，檢方不起訴後，馬英九向臺北地方法院聲請交付審判，遭駁回定讞。不過，法官認為侯寬仁雖沒有偽造文書的故意，仍應為筆錄不實負行政責任。（臺北地方法院98聲判41裁定）

依據實地查閱臺北地方法院聲請交付審判的案件，地方法院裁定許可的比例非常低，可能只有0.2%以下。再加上法院做出駁回交付審判聲請的裁定後，當事人不得提出抗告，所以很多是因為又提出抗告而遭法院以抗告不合法裁定加以駁回。仍有極為少數的成功案例，可以參考《臺北地方法院94年度聲判字第4號裁定》。後來，地方法院也將被告其中之一做出有罪判決。

馬英九控告候寬仁案

馬英九：我當初沒說這些話，筆錄怎麼會出現，檢察官偽造文書。

馬英九：我要檢舉候寬仁。

檢察官：證據不足。

馬英九：檢察官們互相坦護，我要直接向法院「交付審判」。

法官：駁回！

　　基本上，司法機關所製作的筆錄難以一字不漏，有時候因為實際需要，也確實會整合當事人的意見寫筆錄的內容，但是此種製作筆錄的方法卻可能產生許多不當的結果，例如實務上曾發生警政署政風室偵辦某分局詐領拖吊績效獎金案，將全案移送檢方，起訴12名員警；但是當時政風室製作筆錄之際，某位員警並未認罪，但筆錄上出現他「認錯並請求減刑」的話，法院勘驗偵訊光碟，認為內容和這些員警的筆錄有出入，逐將當事人均判決無罪。檢方也不滿警政署政風室的筆錄明顯不實而拒絕上訴，導致少見的貪污罪一審定讞的結果。

3 起訴不可分

◉ 起訴不可分之規範與要件

刑事訴訟法第267條規定:「檢察官就犯罪事實一部起訴者,其效力及於全部。」此即所謂起訴不可分之效力。其要件有三:

1. 須檢察官僅就一部犯罪事實起訴。
2. 須以法院審理結果為斷。
3. 須法院審理結果認為一罪,且起訴之一部及未起訴之他部均有罪。

◉ 從案件單一性觀察

基本上,案件之起訴,沒有起訴半件之情況,因為案件單一性,即指被告單一,犯罪事實單一之概念。被告單一,很容易從客觀上加以觀察,例如以某甲當作被告,就是被告單一。較難判斷者,在於什麼是事實單一的情況,原則上是以刑法之罪數理論加以判斷,如結合犯、繼續犯、接續犯等實質上一罪,或想像競合犯等裁判上一罪,均屬之。

舉個例子,某甲自以為黃飛鴻踢向某乙,某乙除了遭踢中腰椎而受傷外(傷害罪),其手上所帶之勞力士金錶亦遭撞擊損壞(毀損罪)。此例為想像競合犯,如果檢察官僅以傷害罪起訴,其起訴書中所載之範圍,固然並不及於毀損罪之部分,但是仍為起訴效力範圍所及,此即所謂起訴不可分之概念。

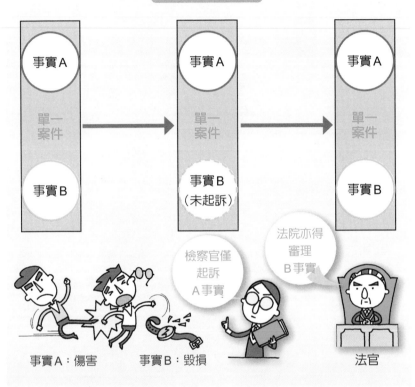

起訴不可分

事實A：傷害　　事實B：毀損　　　　　　　　　法官

實務見解

- 檢察官就單一性案件之其中一部提起公訴，而將另一部分予以不起訴處分，法院仍不受檢察官該不起訴處分之拘束，而得就其全部予以審判。（43台上690）

第五篇
審判程序之基本概念

1 審判程序

▶ 審級制度：原則三級三審制度

　　刑事審判程序原則上採取三級三審制度，第一、二審是事實審，法院必須根據證據判斷事實，並且在判決中說明法律上的理由；第三審則是法律審，法院原則上不調查證據，而是根據第二審法院所認定的事實，判斷第二審法院的判決是否有違背法令的地方。刑事訴訟法第376條甚至規定，某些輕罪不可以上訴到第三審！

▶ 特別的審判程序

　　被告所涉嫌的案件有的複雜、有的簡單、有的被告堅決否認犯罪、有的被告卻想快點贖罪解脫、有的嚴重到影響國家安全，但有的卻只是芝麻綠豆小事，不一而足。因此，刑事訴訟法除了有一套正規的審判程序（通常審判程序）外，針對某些特殊的案件，也規定了一些特別的審判程序，包括：

一、簡易程序

　　由檢察官向法院提出「聲請簡易判決處刑書」代替起訴書，法院原則上不開庭審理，即可根據檢察官之聲請，由獨任法官對被告判處緩刑、得易科罰金的有期徒刑、拘役或罰金。（刑訴§449～455-1）

刑事法庭示意圖

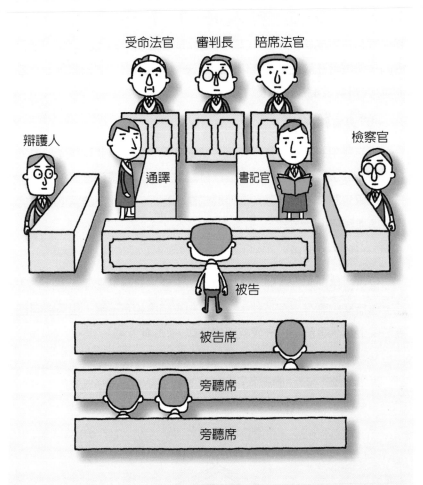

受命法官　　審判長　　陪席法官

辯護人

通譯　　書記官

檢察官

被告

被告席

旁聽席

旁聽席

二、認罪協商程序

被告所犯為死刑、無期徒刑、最輕本刑3年以上有期徒刑以外之罪，或高等法院管轄第一審案件以外之罪，在第一審言詞辯論終結前或簡易判決處刑前承認犯罪，經法院、檢察官、被害人同意，就可以和檢察官在宣告緩刑、2年以下有期徒刑、拘役或罰金的範圍內進行協商，法院會在該協商範圍內做出判決，而被告對此判決原則上不能上訴。（刑訴§455-2～455-11）

三、簡式審判程序

被告所犯為死刑、無期徒刑、最輕本刑為3年以上有期徒刑以外之罪或高等法院管轄第一審案件以外之罪，在法院準備程序進行中，先行承認犯罪，法院得裁定進行簡式審判程序，由獨任法官依簡化的調查證據程序進行審判。（刑訴§273-1～273-2）

四、二級二審程序

當被告是涉嫌內亂罪、外患罪或妨害國交罪時，案件跳過地方法院，直接交由高等法院審判，被告對判決結果如有不服，也只能向最高法院上訴，等於少了一次救濟的機會。（刑訴§4）

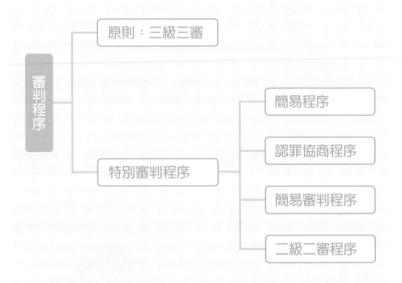

【補充說明】

　　簡易程序，必須是由檢察官提出，當事人通常在檢察官偵查完畢之後，還沒有看到法官一面，判決書就下來了。

　　簡式審判程序，則是已經進入法院審理之程序，在準備程序中，被告已經先行承認犯罪，法院審理案件時依據簡化程序審理。

　　認罪協商的部分，只要被告在程序進行的一定時間點之前認罪，經相關人等之同意，就可以針對科刑的範圍進行協商。進行簡式程序者，還是可以進行認罪協商。

2 迴避制度

▶ 法官是中立的審判者

檢察官起訴或法院裁定准許交付審判後，全案進入審判階段，這時候是一個全新的「三角關係」，由法官擔任中立的審判者；檢察官則站在類似原告的控訴地位，稱之為「公訴人」，被告則仍舊是被告，但是被告所委請的律師（辯護人）可以跟檢察官平起平坐，為被告的利益與檢察官進行辯論。

法官

檢察官（原告）　　辯護人　被告

▶ 法官的迴避機制

如果懷疑法官一面倒地偏向他造當事人，顯然有偏頗的情況時，該怎麼辦才能維護自身的權益呢？刑訴法制定了一套法官迴避的機制，發生下列兩種情況下，法官應該要自行迴避：

㈠依法應自行迴避而不自行迴避

例如法官也是被害人，或法官與被告或被害人有一定的親屬關係（例如兄弟姐妹或配偶等）、僱傭關係（例如曾經擔任被告的律師），

或曾經擔任告訴（發）人、證人、鑑定人，或曾經扮演偵查的角色（例如曾經是檢察官，後來轉任法官，又接手本案），或曾參與前審的裁判。

　　有刑事訴訟法第18條情形，法官不自行迴避者，當事人得聲請法官迴避，相關範例如下圖：

刑事聲請法官迴避狀

案號：96年度訴字第1000001號　　　股別：○股

聲請人：吳大毛　　住址：臺北市凱達格蘭大道1號

（即自訴人或被告）　　行動電話：0911-111111

送達代收人：　　　　　址設：

　　　　　　　　　　　電話：

為聲請法官迴避事

聲請人吳大毛強盜殺人案（臺北地方法院○○年度訴字第○○○○○○○號），分由貴院法官王大年審理。經查法官王大年與被告王大春為堂兄弟關係，屬四等親，依法應自行迴避而不自行迴避。為此依刑事訴訟法第18條第1款規定，聲請法官迴避。

謹　　狀
臺灣臺北地方法院　公鑒

證物名稱及件數：

　　　　　　　　具狀人：吳大毛　㊞
　　　　　　　　撰狀人：○○○　㊞

中　華　民　國　○　○　年　○　○　月　○　○　日

> 寫下案號
>
> 寫下法官與當事人的特定關係或寫明其他具體的事實

(二)執行職務有偏頗之嫌

例如法官的政治傾向，明顯屬於深藍或深綠，卻又不謹守法官政治中立的立場，對於政治傾向不同的當事人明顯不利。（刑訴§18Ⅱ）

有上述情形，當事人得聲請法官迴避，相關範例如右圖：

【刑事訴訟法第17條】

法官於該管案件有下列情形之一者，應自行迴避，不得執行職務：

一、法官為被害人者。

二、法官現為或曾為被告或被害人之配偶、八親等內之血親、五親等內之姻親或家長、家屬者。

三、法官與被告或被害人訂有婚約者。

四、法官現為或曾為被告或被害人之法定代理人者。

五、法官曾為被告之代理人、辯護人、輔佐人或曾為自訴人、附帶民事訴訟當事人之代理人、輔佐人者。

六、法官曾為告訴人、告發人、證人或鑑定人者。

七、法官曾執行檢察官或司法警察官之職務者。

八、法官曾參與前審之裁判者。

【刑事訴訟法第18條】

當事人遇有下列情形之一者，得聲請法官迴避：

一、法官有前條情形而不自行迴避者。

二、法官有前條以外情形，足認其執行職務有偏頗之虞者。

刑事聲請法官迴避狀

案號：96年度訴字第1000001號　　　股別：○股

聲請人：吳大毛　　　住址：臺北市凱達格蘭大道1號
（即自訴人或被告）　　行動電話：0911-111111

送達代收人：　　　址設：○○○
　　　　　　　　　電話：○○○

為聲請法官迴避事
聲請人吳大毛強盜殺人案（臺北地方法院○○年度訴字
第○○○○○○○號），分由貴院法官王大年審理。經
查○○○○○○，足認法官王大年執行職務有偏頗之
虞。聲請人於○○年○月○日始知悉上述情形。為此依
刑事訴訟法第18條第2款規定，聲請法官迴避。

謹　　狀
臺灣臺北地方法院　公鑒
證物名稱及件數：

　　　　　　　　　具狀人：吳大毛　［印］
　　　　　　　　　撰狀人：○○○　［印］

中　華　民　國　○○　年　○○　月　○○　日

寫下案號

寫下法官執行
職務有偏頗之
虞的事實

3 相牽連案件

一、相牽連案件之概念

所謂相牽連的案件，依據刑事訴訟法第7條規定，有下列情形之一者，為相牽連之案件：

1. 一人犯數罪者。
2. 數人共犯一罪或數罪者。
3. 數人同時在同一處所各別犯罪者。
4. 犯與本罪有關係之藏匿人犯、湮滅證據、偽證、贓物各罪者。

二、案件相牽連之管轄法院

數同級法院管轄之案件相牽連者，得合併由其中一法院管轄。（刑訴§6Ⅰ）

前項情形，如各案件已繫屬於數法院者，經各該法院之同意，得以裁定將其案件移送於一法院合併審判之；有不同意者，由共同之直接上級法院裁定之。（刑訴§6Ⅱ）

不同級法院管轄之案件相牽連者，得合併由其上級法院管轄。已繫屬於下級法院者，其上級法院得以裁定命其移送上級法院合併審判。但第7條第3款（數人同時在同一處所各別犯罪者）之情形，不在此限。（刑訴§6Ⅲ）

前總統陳水扁所涉及之案件本來分別繫屬於臺北地方法院之不同法官，後來依據臺北地院刑庭分案要點將相關案件併案，也使得遭蔡守訓法官裁定羈押（另一法官周占春認為不符羈押要件），引發政治打壓之疑慮，並因此申請釋憲。

本號解釋認為將案件客觀公平合理分配於法官，對於保障訴訟權很重要。但是，案件分配特定法官後，因承辦法官調職、升遷、辭職、退休或其他因案件性質等情形，而改分或合併由其他法官承辦，乃法院審判實務上所不可避免。於不牴觸法律、司法院可以訂定法規命令或行政規則，規範受理案件分配的事務。

依據系爭分案要點及臺灣臺北地方法院法官會議之授權，由該法院刑事庭庭務會議，就相牽連案件有無合併審理必要之併案事務，事先所訂定之一般抽象規範，依其規定併案與否之程序，足以摒除恣意或其他不當干涉案件分配作業之情形，屬合理及必要之補充規範，故與憲法保障人民訴訟權及法官依據法律獨立審判之意旨，尚無違背。

第五篇 審判程序之基本概念

4 偵查檢察官 與公訴檢察官

國務機要費案

　　喧騰一時的國務機要費案，由偵查檢察官陳瑞仁負責偵辦，傳喚將近200人，一些秘密外交與領取工作費的辯解，經查證後認為「純屬虛構」，最後將前第一夫人吳淑珍、馬永成等人依據貪污治罪條例起訴，前總統陳水扁則因為受到憲法第52條之保障，等到經罷免或解職後再行起訴。（卸任後因貪瀆案遭法院長期羈押）起訴之後，進入法院審理程序，改由公訴檢察官張熙懷蒞庭，與被告或律師進行攻防辯論，原案件承辦檢察官則退居幕後。當張熙懷遭民進黨人士抹紅而接近崩潰無法蒞庭時，陳瑞仁檢察官馬上跳出來表示願意擔任公訴檢察官「永遠的備胎」，隨時準備披掛上陣。

　　在審判程序中，為什麼檢察官換人？

　　公訴檢察官，只是負責在法庭上與被告進行訴訟上的攻防，並不負責案件的偵查，也不決定是否起訴。主要是因為我國92年刑事訴訟法修改，採取「改良式的當事人進行主義」，訴訟過程中的交互詰問耗時費力，必須由專組的檢察官負責。因此，承辦檢察官負責前半段的案件偵辦工作，公訴檢察官則扮演後階段的法庭攻防角色，將偵查與公訴加以分工。畢竟案件偵查與法庭辯論是完全不同的兩種專

業，如果忙於案件偵查還要思考法庭辯論的程序與事項，恐怕難以兩方皆能表現完美。但是，目前檢察官的養成過程中，還是會角色互相調換，以培養出偵查能力與辯護能力兼具的檢察官。

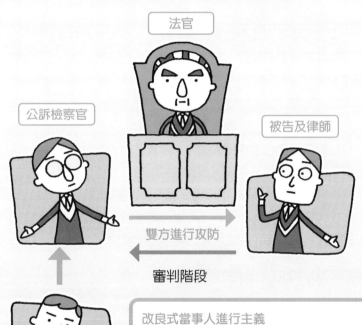

偵查檢察官與公訴檢察官

法官

公訴檢察官

被告及律師

雙方進行攻防

審判階段

偵查檢察官

偵查階段

改良式當事人進行主義

　　檢察官應該對於被告犯罪事實負舉證的責任，法庭上的證據調查活動是由當事人主導，法官立於公正第三人的角度依法裁判。其中尤以交互詰問的制度更能促進當事人地位實質平等的目的。較少有法官主導證據的調查，與被告相對立的立場質問被告的情況發生。

5 簡易程序

　　一般的刑事案件適用通常的審判程序，但是針對特定的案件，也就是犯罪情節輕微的案件，得適用簡單快速的審判程序，即所謂的簡易程序。

▶ 為什麼法院沒開庭就給我判刑了？

　　有些犯罪情節相當輕微的案件，事實已經相當明確，被告也已經自白坦承，沒什麼需要法院再調查的，則檢察官可以向第一審法院聲請「簡易判決處刑」，法院不用開庭就可以直接判決。

　　這種簡易程序的好處，除了可以減輕法院審理案件的負擔外，也可以讓不想被這個案子一直困擾的被告及早解脫。

▶ 哪些案件可以用簡易程序？

　　可以簡易程序的案件並沒有犯罪類型的限制，只要被告所犯的罪事證明確，檢察官或法院認為可以做出下列的科刑內容，都可以用簡易判決處刑：

☑ 宣告緩刑
☑ 得易科罰金或得易服社會勞動之有期
　徒刑及拘役或罰金

（參見刑訴§449Ⅲ）

▶ 簡易程序的進行方式

　　檢察官偵查後，或法官受理起訴案件後，如果認為「宜」用簡易判決處刑，都可以發動簡易程序，但是否對被告用簡易判決處刑，決定權還是在簡易法庭。（刑訴§449Ⅰ、451Ⅰ）

　　至於被告，倘若在檢察官偵查時自白犯罪，也可以請求檢察官向法院聲請簡易判決處刑，並且可以向檢察官表示願意被判刑的範圍或願意接受緩刑的宣告，檢察官如果同意，就會記明筆錄，據此向法院求刑或請求法院緩刑宣告。但檢察官通常會先徵詢被害人的意見、要求被告向被害人道歉或賠償，以作為是否同意被告請求的參考。（刑訴§451-1）

　　當檢察官依被告的表示或檢察官聲請向法院求刑或請求宣告緩刑時，原則上法院會依照檢察官的聲請做出判決，除非有下列的情形：

- 被告所犯之罪不合第449條所定得以簡易判決處刑之案件者。
- 法院認定之犯罪事實顯然與檢察官據以求處罪刑之事實不符，或於審判中發現其他裁判上一罪之犯罪事實，足認檢察官之求刑顯不適當者。

- 法院於審理後，認應為無罪、免訴、不受理或管轄錯誤判決之諭知者。
- 檢察官之請求顯有不當或顯失公平者。

（參見刑訴§451-1 IV、452）

▶ 簡易程序的判決

檢察官聲請簡易判決處刑後，簡易法庭原則上是不會開庭審理，被告如果認為有到庭陳述意見的必要（譬如就非告訴乃論案件已經達成和解，告訴人同意撤回告訴，或不服檢察官所認定的犯罪事實），必須主動以書狀向簡易法庭陳述或請求傳訊。

簡易法庭審理後，如果認為檢察官的聲請符合規定，就可以做出簡易判決，既然稱為「簡易」，其判決書也就相當簡略，除了記載聲請人（某地檢署檢察官、自訴人）、被告的姓名人別、判決主文外，其他關於被告犯罪事實、證據及應適用的法條，如果法院認為與檢察官聲請簡易判決處刑書內的記載相同，就可以直接引用。（刑訴§454）

▶ 不服簡易判決處刑時怎麼辦？

被告如果不服簡易判決處刑的結果，可以在收到簡易判決書後10日內，向管轄的地方法院合議庭提起上訴。但如果法院是在被告所希望的刑度範圍判刑或依被告的請求而宣告緩刑，則被告就不能再上訴。（刑訴§455-1 I、II）

收到判決書　　　　　10日內　　　　　向地方法院合議庭提起上訴

簡易判決

台北簡易庭 裁判書 -- 刑事類

【裁判字號】 100北交簡.█████
【裁判日期】 1001116
【裁判案由】 公共危險（185-4）
【裁判全文】

臺灣臺北地方法院刑事簡易判決　　100年度北交簡字第█████號
聲　請　人　臺灣臺北地方法院檢察署檢察官
被　　　告　█████

上列被告因公共危險案件，經檢察官聲請以簡易判決處刑（100年度偵字第14860號），本院判決如下：

　　　主　　文

█████駕駛動力交通工具肇事，致人受傷而逃逸，處有期徒刑陸月，如易科罰金，以新臺幣壹仟元折算壹日。

　　　事實及理由

一、本件犯罪事實及證據引用檢察官聲請簡易判決處刑書之記載（如附件）。

二、核被告所為，係犯刑法第185條之4駕駛動力交通工具肇事逃逸罪。爰審酌其素行、犯罪之動機、目的、手段、被害人受傷程度，肇事逃逸對於被害人之身體造成之危險性並已與被害人達成和解等一切情狀，量處如主文所示之刑，並諭知易科罰金之折算標準。

三、依刑事訴訟法第449條第1項前段、第3項、第454條第2項，刑法第185條之4、第41條第1項前段，逕以簡易判決處如主文所示之刑。

如不服本判決，應於判決送達後10日內，表明上訴理由，向本庭（臺北市○○○路○段126巷1號）提出上訴書狀，並應敘述具體理由；其未敘述上訴理由者，應於上訴期間屆滿後20日內向本院補提理由書（均須按他造當事人之人數附繕本）「切勿逕送上級法院」。

　　上圖是由司法院法學檢索系統中所找到的簡易判決，「事實及理由」中的第一點：「本件犯罪事實及證據引用檢察官聲請簡易判決處刑書之記載（如附件）」，即顯示簡易判決的內容可以說是非常簡單，只要法官認為關於被告犯罪事實、證據及應適用的法條，與檢察官聲請簡易判決處刑書內的記載相同，就可以直接引用。（刑訴§454 II）

6 認罪協商

▶ 我如果認罪，有什麼好處？

美國玩伴女郎，安娜‧妮可‧史密斯，於26歲時嫁給高齡89歲的石油大亨馬歇爾而聲名大噪，馬歇爾過世後留下大筆遺產，安娜與馬歇爾的兒子雙方爭奪遺產鬧上法院，官司足足打了12年多。直到其39歲離奇猝死，有懷疑是因為多年纏訟而有嗑藥的習慣。

安娜的案件只是民事案件，刑事案件涉及到生命刑或自由刑，更是讓人喘不過氣來。冗長的刑事訴訟程序對許多被告而言，往往是一種相當難熬的折磨，在這段期間內，每天都無心工作，只掛念著：「這個案子最後的結果不知道會怎麼樣？」在這時候，有些被告可能已經做好了被判有罪的最壞打算，唯一的希望是可不可以判輕一點，可不可以不要被關，認罪協商程序可以幫忙認罪的被告達成心願！

▶ 我可以請求認罪協商嗎？

原則上，只要被告所涉嫌的犯罪，法定最輕本刑不超過3年，都可以在第一審言詞辯論終結前或簡易判決處刑前，檢察官得於徵詢被害人意見後，逕行或依被告或其代理人、辯護人之請求，經法院同意後，就下列事項在審判外進行協商：（刑訴§455-2 I）

認罪協商程序

檢察官起訴或聲請
簡易判決處刑前

檢查官逕行、
被告請求認罪
協商

我同意

法院同意

檢察官與被告在
審判外進行協商

達成合意
且被告認罪

法院依照協
商內容判決

法院開庭
訊問被告

檢察官向法院聲
請改用協商程序

法官大人，我跟
被告喬好了！

- 被告願受科刑及沒收之範圍或願意接受緩刑的宣告。
- 被告向被害人道歉（要得到被害人同意）。
- 被告支付相當數額之賠償金（要得到被害人同意）。
- 被告向公庫支付一定金額，並得由該管檢察署依規定提撥一定比率補助相關公益團體或地方自治團體。

協商時，如果被告沒有選任辯護人，但表示願受科的刑度超過6個月以上，且未宣告緩刑，法院應指定公設辯護人或律師，協助被告進行協商，以維護被告的權益。（刑訴§455-5 I）

一旦檢察官與被告達成協商，而且被告也同意認罪，檢察官就可以向法院聲請改用協商程序。而法院接受檢察官的聲請後，會在10日內開庭訊問被告，告知所犯的罪名、法定刑以及將因此喪失的權利，被告如果沒有意見，就可以不經言詞辯論直接判決，且所判決的刑度以宣告緩刑、2年以下有期徒刑、拘役或罰金為限，等於是輕判，對被告算是相當有利。（刑訴§455-2、455-3 I、455-4 II）

但是，認罪協商的判決，一定是認定被告有罪，雖然可能是被告「最壞打算中的最好結果」，但是刑事訴訟法還是同意被告在法院協商程序終結前可以隨時反悔，而被告如果在協商期間違反了與檢察官協議的內容，檢察官也可以在協商程序終結前撤回協商程序的聲請。（刑訴§455-3 II）

此外，如果有下列情形，法院會以裁定駁回檢察官協商程序的聲請，改用通常、簡式或簡易程序審判：（刑訴§455-4）

1. 被告撤銷協商合意或檢察官撤回協商聲請者。
2. 被告協商之意思非出於自由意志者。
3. 協商之合意顯有不當或顯失公平者。

4. 被告所犯之罪非第455-2條第1項所定得以聲請協商判決者。

5. 法院認定之事實顯與協商合意之事實不符者。

6. 被告有其他較重之裁判上一罪之犯罪事實者。

7. 法院認應諭知免刑或免訴、不受理者。

認罪協商的判決

你願意認罪嗎？判決結果很輕喔！罰罰錢就好！

可是若被褫奪公權，我的立法委員資格就沒了！

檢察官　　　　被告

【余天撤回認罪協商案】
　　前立委余天指稱前總統馬英九全家有美國護照，遭檢察官起訴。法院開庭時，余天表示願認罪協商，檢察官提醒可能會被褫奪公權而喪失立委資格。余天當場臉色凝重，撤回認罪協商請求。

◉ 法院依認罪協商的結果判決後，我還可以上訴嗎？

法院依據認罪協商的結果判決後，原則上都不能再上訴。但如果發現協商判決有下列情形之一，不論是檢察官或被告，仍然可以在收到判決書後10天內提起上訴：

- 有刑訴法第455-4條第1項第1、2、4、6、7款不得為協商判決的情形。
- 法院沒有在協商範圍內做出判決。
- 法院不是做出宣告緩刑、2年以下有期徒刑、拘役或罰金的判決。

需要注意的是，上訴時必須具體提出法院判決有以上違法的理由，第二審法院也只會根據這些理由去調查，如果第二審法院認為上訴有理由的話，就會將原審判決撤銷，並發回第一審法院重新審判。（刑訴§455-10）

當事人對於認罪協商的內容必須要非常小心謹慎，否則要上訴可是非常困難，常見當事人表示認罪協商都是律師主導，自己沒看過；或者是以為僅科6個月以下的刑度，但居然是1年；甚至於採哀兵姿態，主張上有高堂老母，恐怕都不成立上訴的理由。

■共犯之間認罪協商的影響

民國98年間，前總統陳水扁相關貪瀆案正如火如荼地進展，相關贓款也疑似透過兒子陳致中與媳婦進行洗錢。陳水扁的律師團正以政治獻金等各種理由替其辯解，但忽然傳出陳致中與其夫人要進行認罪協商，引發律師團的不滿，認為沒有罪就沒有洗錢；反之，洗錢都認罪，不就代表陳水扁犯罪。

對於法院不准認罪協商的裁定，被告只能接受，無法提出抗告，但之前被告或其代理人、辯護人在協商過程中的陳述，法院則不得在本案或其他案件採為對被告或其他共犯不利的證據。（刑訴§455-7）

認罪協商之上訴

收到判決書

我要上訴

**10日內向地方法院
合議庭提起上訴**

上訴事由：
- 有刑訴法第455-4條第1
  項第1、2、4、6、7款不
  得為協商判決的情形。
- 法院沒有在協商範圍內做
  出判決。
- 法院不是做出宣告緩刑、
  2年以下有期徒刑、拘役
  或罰金的判決。

7 簡式審判程序

▶ 什麼是簡式審判程序？

簡式審判程序的立法背景，主要是與簡易程序、認罪協商制度，共同成為減輕法院處理案件負擔的金三角。

被告所犯為死刑、無期徒刑、最輕本刑為3年以上有期徒刑以外之罪或高等法院管轄第一審案件以外之罪，在法院準備程序進行中，先行承認檢察官所指控之犯罪，審判長得告知被告簡式審判程序的意旨，並聽取當事人、代理人、辯護人及輔佐人的意見後，裁定進行簡式審判程序。（刑訴§273-1Ⅰ）

▶ 兩大要件

簡式審判程序的適用，必須符合下列兩大要件：

要件一	非重罪的案件	被告所犯為死刑、無期徒刑、最輕本刑為3年以上有期徒刑之罪或高等法院管轄第一審案件者外之案件。
要件二	被告就被訴事實為有罪之陳述	簡單來說，就是被告承認有罪的意思表示。如果被告承認犯行，但是有表明因為正當防衛、緊急避難、心神喪失等理由，並不適用簡式審判程序。

▶ 簡式審判程序的特殊性

簡式審判程序從字面來看，即可知悉是較為簡便的審判程序，可以讓願意接受刑罰制裁的被告縮短審判程序的煎熬，其特殊性如下：

特點一	簡化調查證據程序	在簡式審判程序中，法官可以自由決定調查證據的範圍、次序及方法，當事人也不用提調查證據聲請書狀，就可以請求法官調查相關證據。 不用對證人進行交互詰問程序。 不用提示物證、書證給當事人辨認。
特點二	不適用傳聞法則之規定	被告以外之人在審判外所為的言詞或書面陳述，可以直接作為證據。
特點三	簡化被告自白的調查程序	在未調查其他證據前，法官可以先行斟酌被告自白的可信度。
特點四	簡化判決書的製作	法院適用簡式審判程序後，如果判決被告有罪，其判決書的做法，跟簡易判決書一樣，除了記載聲請人（某地檢署檢察官、自訴人）、被告的姓名人別、判決主文外，其他關於被告犯罪事實、證據及應適用的法條，如果法院認為與檢察官起訴書內的記載相同，就可以直接引用。（刑訴§310-2準用454）

▶ 不服簡式判決，怎麼辦？

不服簡式審判程序的判決，還是可以在該判決送達後20日內提出上訴。雖然與簡易程序一樣都是由獨任法官審判，但不同的地方在於簡式審判程序的上訴審法院是高等法院，而非地方法院合議庭。

簡式審判程序不像簡易程序，被告無法預期自己可不可以被判緩刑、得易科罰金之有期徒刑、拘役或罰金，更不像認罪協商制度一樣，可以確定法院所判刑度的範圍。

因此，如果法官因為某些特殊考量而建議用此制度（譬如未與被害人達成和解），法官詢問意見時，一定要記得向法官表示希望科刑的範圍（譬如給予宣告緩刑、易科罰金等），以避免到最後不但喪失一堆請求調查證據的權利，還受到重刑伺候。

臺灣臺北地方法院刑事判決　　　　95年度易字第　　號
公　訴　人　臺灣臺北地方法院檢察署檢察官
被　　　告　

上列被告因賭博案件，經檢察官提起公訴（95年度偵字第　號），因被告於準備程序中就犯罪事實為有罪之陳述，經本院合議庭裁定由受命法官獨任進行簡式審判程序審理，本院判決如下：
　　主　文
　　　　意圖營利，聚眾賭博，處有期徒刑肆月，如易科罰金，以新台幣壹仟元折算壹日。扣案如附表一所示之物均沒收。
　　事　實
一、　　　意圖營利，於民國　　　　，提供四色牌、麻將、撲克牌等賭具及自己所承租坐落於○○市○○區○○街90至96號地下一樓之房屋作為賭博場所，供予
　　　　　　　等多人賭博財物，約定抽頭方法為四色牌每自摸胡牌1次由贏家支付新台幣（下同）10元、麻將每自摸1次由贏家支付200元給　　　　，1局可抽頭3次，每局可得利600元，後經營當場查獲，扣得如附表一、二所示之物，始查知上情。
二、案經臺北市政府警察局萬華分局報請臺灣臺北地方法院檢察署檢察官偵查起訴。
　　理　由
一、上開事實，業據被告　　於本院審理時坦承不諱，核與證人即現場賭客　　　　　　　　　　　　等人於警詢時供稱之情節相符，而證人即負責搜索之值勤員警　　　亦於偵訊時證稱查獲當時有十餘位賭客，賭客均供稱該場所保由被告所承租等情，並有如附表一、二所示之物證扣案可資佐證，足徵被告之自白核與事實相符。是件事證業已明確，被告之犯行堪以認定，應予依法論科。
二、核被告　　　行為，係犯刑法第268條前段之意圖營利供給

【刑事訴訟法第273-1條】

I 除被告所犯爲死刑、無期徒刑、最輕本刑爲3年以上有期徒刑之罪或高等法院管轄第一審案件者外，於前條第1項程序進行中，被告先就被訴事實爲有罪之陳述時，審判長得告知被告簡式審判程序之旨，並聽取當事人、代理人、辯護人及輔佐人之意見後，裁定進行簡式審判程序。

II 法院爲前項裁定後，認有不得或不宜者，應撤銷原裁定，依通常程序審判之。

III 前項情形，應更新審判程序。但當事人無異議者，不在此限。

【刑事訴訟法第273-2條】

簡式審判程序之證據調查，不受第159條第1項、第161-2條、第161-3條、第163-1條及第164～170條規定之限制。

【刑事訴訟法第310-2條】

適用簡式審判程序之有罪判決書之製作，準用第454條之規定。

8 通常審理程序

　　檢察官提起公訴後，全案就移交給法院調查證據及審判，檢察官則轉為代表國家，立於原告的地位去控訴被告的罪刑。但起訴後，檢察官如果覺得有調查其他證據的必要，還是可以獨立進行搜索、扣押或傳喚證人。

實務見解　國務機要費弊案（鑽戒篇）

　　檢察官陳瑞仁查出國務機要費弊案中的百萬鑽戒來源，與萬海航運少東陳柏廷有關，隨即在 11 月 11 日針對萬海公司發動搜索，追查重點在萬海當初是以何種名目核銷這筆餽贈費，其中有無涉及背信及投資華航的對價關係，檢方也不排除將交通部另列入查證的對象。

　　不過，以上情形並不常見，在審判期間，大多是由法院主導訴訟的進行，並決定調查什麼證據。這些開庭的程序如何進行？基本上會先透過準備程序，為未來正式的審判程序作準備，接著正式審理程序中，包括證據調查、交互詰問等相關程序，最後法院做出判決，當事人若不服判決結果則提出上訴；若未提出上訴，則於上訴期間經過後，判決即告確定，進入執行程序。本節將一步一步地讓你瞭解！

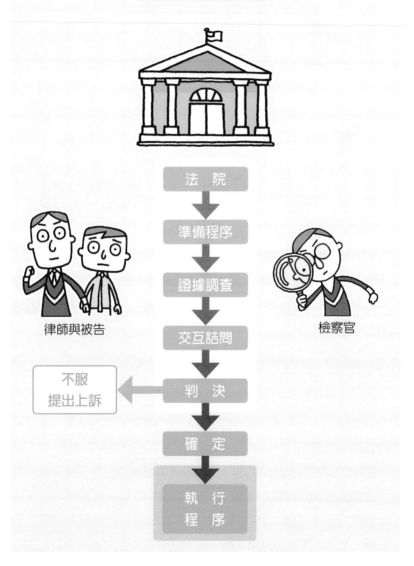

審判程序示意圖

法 院

準備程序

證據調查

交互詰問

判 決

確 定

執 行程 序

不服
提出上訴

律師與被告

檢察官

9 準備程序

一般的刑事審判程序，會分為「準備程序」與「審判程序」兩個階段，準備程序是為了方便審判順利進行所設計的程序，如同晚餐之前的準備工作，必須先將食材購置齊全，正式進入廚房時，才能快速地將晚餐煮好，否則一下子缺醬油，一下子忘了買蔥，還要三番兩次地跑到菜市場補齊，恐怕是浪費時間與金錢。

「準備程序」與「審判程序」二者最大不同的地方，在於準備程序是由一個受命法官開庭，審判程序則是在三個法官的合議庭。當然，也有一開始就跳過準備程序，直接由三個法官一起召開合議庭進行審判程序的。

▶ 受命法官會在準備程序做什麼事？

準備程序是為了方便審判順利進行所設計的程序，因此，受命法官在準備程序中，主要工作是在確定起訴的範圍、整理爭點、調查相關證據等，包括：

- 整理起訴效力所及之範圍，與有無應變更檢察官所引應適用法條之情形。（刑訴§273 I①）
- 訊問被告、代理人及辯護人對檢察官起訴事實是否為認罪之答辯，及決定可否適用簡式審判程序或簡易程序。（刑訴§273 I②）

- 整理案件及證據之重要爭點。（刑訴§273Ⅰ③）
- 整理有關證據能力之意見。（刑訴§273Ⅰ④）
- 曉諭為證據調查之聲請。（刑訴§273Ⅰ⑤）
- 決定證據調查之範圍、次序及方法。（刑訴§273Ⅰ⑥）
- 命提出證物或可為證據之文書。（刑訴§273Ⅰ⑦）
- 處理其他與審判有關之事項。（刑訴§273Ⅰ⑧）
- 調取或命提出證物。（刑訴§274）
- 訊問不能於審判期日到場的證人，得於審判期日前，命為鑑定及通譯。（刑訴§276）
- 得於審判期日前，搜索、扣押及勘驗。（刑訴§277）
- 得於審判期日前，就必要之事項，請求相關主管機關報告。（刑訴§278）

（參考刑訴§279）

　　以上程序處理後，書記官會製作筆錄，交給到庭的人在筆錄記載的末行簽名、蓋章或按指印。（刑訴§273Ⅳ）

　　準備程序並沒有限制開庭的次數，但傳票上會記明開庭的程序種類。當受命法官認為該查、該整理的資料都已經完成時，法院就會改訂審判期日，由3名法官開庭審理。這時候，被告、檢察官都應該到庭，至於被告的辯護律師，除非是強制辯護的案件，否則即使律師因故沒有到庭，法官還是可以逕行審判。所以，開庭前，被告最好還是先跟自己的律師確認時間一下，別到時候等嘸人！

刑事準備程序聲請狀

案號：○○　　　　　　　　股別：○○

聲請人（即被告或自訴人）：○○○　　　住居所：○○○○○○

為參與準備程序事

一、聲請人被訴（或自訴被告）○○○案，正由○○地方法院審
　　理中（○○年度○○字第○○○號）。

二、聲請傳喚之證人、鑑定人、通譯之名單，謹陳明如下：

請依主張調查之順序編號	姓名	出生年月日身分證字號	與當事人關係	住址	待證事實（於本案中，能證明什麼事）	預計訊問所需時間
1	○○○				（請具體敘明…）	
2						

三、聲請調查之證據文書或其他文書之目錄，謹陳明如下（若僅
　　聲請調查證據文書或其他文書之一部分者，應將該部分明確
　　標示）：

請依主張調查之順序編號	證物名稱	向何單位調取	待證事實（於本案中能證明何事項）
1	○○○		（請具體敘明……）
2			

四、證據爭點之整理：聲請人就上述二、三項所列證據清單的證據能力之意見……（就清單上所列各該證據分別敘明）。

五、法律爭點之整理：聲請人就起訴書有（無）漏載法條，有（無）變更起訴法條或其他法律適用之問題，提出意見如後……。

六、對調查證據之範圍、次序及方法表示意見：（請具體敘明……）

此　致

○○法院　公鑒

證物名稱及件數：

具狀人：○○○ 印

撰狀人：○○○ 印

中　華　民　國　○　○　年　○　○　月　○　○　日

實務見解　吳淑珍準備程序請假事件

　　臺北地院審理國務機要費案，97年9月19日進行準備程序，前總統夫人吳淑珍與其律師因為得知臺大醫院覆函法院，認為「不排除當日有可能發生低血壓、休克等緊急醫療狀況，甚而危及生命之情事」，簡單來說，出庭會有生命的危險，所以吳淑珍勉強同意臺大醫院的意見向地院請假。（累計18次）

　　法院認為這是吳淑珍放棄陳述意見的權利，而且請假次數過多。這種請假理由實在不具正當性，所以不再開準備庭，直接進入正式審理程序！

1

審判開始

在審判期日，必須由3位法官（審判長、受命法官、陪席法官）開庭，開庭的順序大致如下：

1. 朗讀案由：通常均由書記官朗讀案由，也可能由審判長或陪席法官朗讀。（刑訴§285）

2. 人別訊問：接著審判長會訊問被告的姓名、身分證字號、戶籍地址等資料，以核對被告的身分。（刑訴§286）

3. 檢察官陳述起訴要旨。（刑訴§286）

4. 宣讀基本權利：偵查中有提到三項權利的宣讀，審判中也是一樣，必須告知被告犯罪嫌疑及所犯所有罪名（罪名經告知後，認為應變更者，應再告知）、得保持緘默，無須違背自己之意思而為陳述、得選任辯護人、得請求調查有利之證據。（刑訴§287）

❶ 朗讀案由

開始進行審理「強盜殺人案」

❷ 人別訊問

被告陳大毛，住居所、身分證字號，是否正確？

❸ 陳述起訴要旨

起訴事實
被告陳大毛於Ｘ月Ｘ日12時30分搶奪被害人陳小扁之手提式電腦…

❹ 宣讀基本權利

你涉嫌觸犯「強盜殺人罪」，得保持緘默，無須違背自己之意思而為陳述，得選任辯護人…你是否瞭解？

5. 證據調查：接著便是和被告、辯護人、檢察官討論如何進行調查證據的程序，包括決定哪些證據要調查或送鑑定，以及訊問證人的順序、是否隔離訊問等。（刑訴§288）

6. 言詞辯論：

☑ 證據調查完畢後，法院會就本案事實及法律上的爭執點，依序命檢察官、被告及辯護人進行辯論，被告如果有請辯護人的話，事實部分審判長一般會要求被告自己確認；而在法律爭點部分，被告則是可以請辯護人代為答辯。（刑訴§289 I）

☑ 辯論程序還會進行「量刑辯論」，並會針對科刑範圍請兩造表示意見。這時，檢察官可能會具體求刑，也可能根據被告的犯行及犯罪後的態度請求法院從重或從輕量刑；被告或辯護人也可以在這時候請求法院注意相關減免刑責的法律規定，從輕量刑，或給予宣告緩刑。（刑訴§289 II）

☑ 已就事實、法律及科刑範圍辯論者，得再為辯論，審判長亦得命再行辯論。（刑訴§289 III）

☑ 最後陳述：審判長會在言詞辯論終結前，詢問被告有沒有什麼還需要再陳述的。（刑訴§290）

7. 宣示辯論終結：被告最後陳述後，審判長即可宣示辯論終結或當庭為判決之宣告，或宣告定期宣判。（刑訴§290）

8. 再開辯論：辯論終結後，遇有必要情形，法院得命再開辯論。什麼是「必要情形」？例如證據調查尚未完備、事實之認定尚有困難、審判程序有缺漏等。（刑訴§291）

❺ 證據調查

檢察官

❻ 言詞辯論

這樣這樣
這樣……

那樣那樣
那樣……

辯護人

檢察官

❼ 宣示辯論終結

❽ 再開辯論

有必要，繼續辯論
……

因為……
所以……

所以……
因為……

辯護人

檢察官

- 台開內線交易案，臺北地方法院於95年11月10日召開最後一次言詞辯論庭，原本遭起訴求刑8年的前總統女婿趙建銘，檢方認為他涉案情節重大，加重求處9年有期徒刑。
- 經纏訟16年，高院更五審判處趙建銘3年8月徒刑、趙父趙玉柱4年徒刑。最高法院110年10月14日駁回上訴，全案定讞。

刑事聲請再開辯論狀

案號：○○年度訴字第○○○○○○號　股別：○股

聲請人：吳大毛　　　住址：臺北市凱達格蘭大道1號

（即自訴人或被告）　行動電話：0911-111111

送達代收人：　　　　址設：

　　　　　　　　　　電話：

請准予裁定再開辯論事

聲請人被訴強盜殺人案（臺北地方法院○○年度訴字第○○○○○○○號），業經貴院於○年○月○日辯論終結，定於同年○年○月○日宣判。因聲請人又發現新證據，○○○，可資證明○○○○等情，實有再開辯論的必要。為此檢送該證據，請准予依刑事訴訟法第291條規定，裁定再開辯論。

謹　　狀

臺灣臺北地方法院　公鑒

證物名稱及件數：

　　　　　　　　具狀人：吳大毛　[印]

　　　　　　　　撰狀人：○○○　[印]

中　華　民　國　○○　年　○○　月　○○　日

> 將新證據的內容描述清楚
>
> 新證據所能證明的待證事實

187

2

共同被告之審理

▶ 訴訟基本權與詰問權

刑事審判程序之被告，乃當事人之一造，有本於訴訟主體之地位而參與審判之權利，並有接受辯護人協助及保持緘默之權，且無自證己罪之義務。此項權利，屬憲法上所保障之人民訴訟基本權，不因係合併或追加起訴之共同被告而加以剝奪。從而被告在同一審判程序中，性質上不能同時兼具證人之雙重身分；但合併審判之共同被告，其陳述如不利於其他共同被告，且利害相反時，倘以其未經彈劾之陳述，作為認定其他共同被告犯罪事實之證據，自亦侵害該其他共同被告之詰問權。故刑事訴訟法第287-1條第2項規定「因共同被告之利害相反，而有保護被告權利之必要者，應分離調查證據或辯論」，使分離程序後之共同被告立於證人之地位，準用有關人證之規定，具結陳述，並接受其他共同被告之詰問，以兼顧共同被告之訴訟基本權及其他共同被告對證人之詰問權。（96台上1108）

▶ 利害相反是分離調查證據及辯論之基礎

非謂對同一案件之各共同被告，必須分離或合併調查證據或辯論，苟共同被告並無利害相反，審理事實之法院，未認有分離調查證據及辯論之必要，而合併調查證據及辯論，亦難指為違法。（94台上3497）

3 公開審判原則

▶ 公開審判原則之概念

前總統陳水扁接受審判的過程中，民眾可以前往旁聽嗎？可以。因為我國案件之審理採取公開審判原則，任何人都有權利進入法院。只是當特殊案件，想要進入旁聽的民眾過多人時，礙於法庭的旁聽席位有限，就必須以抽籤的方式決定旁聽民眾。

公開審理原則，主要源自於法國大革命所衍生的政治要求，以避免密室司法的發生，藉此監督國家司法的施行。依據我國法院組織法第86條之規定：「訴訟之辯論及裁判之宣示，應公開法庭行之。但有妨害國家安全、公共秩序或善良風俗之虞時，法院得決定不予公開。」因此，我國目前是以公開審理為原則，只有符合特定要件時，才不予公開。

▶ 公開審判原則之例外

不公開之情況實屬例外，目前不公開之案件類型如下：

㈠少年刑事案件

少年事件處理法第34條規定：「調查及審理不公開。但得許少年之親屬、學校教師、從事少年保護事業之人或其他認為相當之人在場旁聽。」

(二)有妨害國家安全或公共秩序或善良風俗之虞之案件

例如妨害風化案件、性侵害案件、性騷擾案件，甚至於外遇事件，審理過程公開可能侵害當事人之隱私權。

審理過程之旁聽

一般而言，旁聽席都設於法院後方，可直接進去坐下來，只要不打擾法庭審理的過程，通常法官也不會過問旁聽者的身分。不過，早期很多旁聽者多是司法改革基金會之成員，曾引發審判品質不佳的法官強烈反彈。

法庭素描

由於法庭審理過程中，旁聽者不得進行錄音、錄影，所以必須透過素描的方式呈現案件審理的過程。

㈢其他案件

其他諸如簡易程序之案件，因為本即採書面審理原則，而非採取言詞辯論原則，當然就不採公開審理原則。還有審理過程公開可能會將企業內部的營業秘密外洩，造成企業利益之重大損害，審判亦應以不公開為原則。

▶ 開庭的日期

以上程序，有時候沒有辦法在一次審判期日內全部開完，依刑事訴訟法第293條規定，原則上次日應繼續開庭。但是，現在各法院的刑事庭大多都有固定開庭的時間，如果沒有事先通知，檢察官與辯護律師也不見得隔天一定有空來開庭。因此，審判長在當天審判結束前，如果認為有繼續審理的必要，通常會跟檢察官、辯護律師及被告溝通下次開庭的時間，但如果下次開庭與本次開庭間隔有15天以上，審判長就會更新審判程序，也就是將朗讀案由、確認被告身分、調查證據、言詞辯論等程序重新來過一次。不過，這些一般都只是審判長口頭跟兩造確認有沒有問題，並記明筆錄就算完成了。

▶ 被告到庭的必要性

前第一夫人吳淑珍因病住院無法到庭，由於吳淑珍之身體確實狀況不佳，加上案件審理的壓力容易導致身體更差，而無法到庭接受案件的審理。由於刑訴第281條規定：「審判期日，除有特別規定外，被告不到庭者，不得審判。」因此，吳淑珍以身體不適為由遲不到庭說明案情，讓許多民眾認為有採取拖延戰術的嫌疑。

從這一個著名的案例可以讓民眾得知，被告到庭在刑事案件中是非常重要的。法條中採用「不得」二字，也因此才有通緝的制度，一定要通緝到案並加以審理，法院才能夠做出有罪、無罪的判決。

▶ 審判期日之內容正確性

第一個重點，是要把審判期日當事人、法官的內容都錄音、錄影起來，所以法律規定：審判期日應全程錄音；必要時，並得全程錄影。（刑訴§44-1 I）

第二個重點，則是審判筆錄有錯誤或遺漏之核對，法律規定如下：當事人、代理人、辯護人或輔佐人如認為審判筆錄之記載有錯誤或遺漏者，得於次一期日前，其案件已辯論終結者，得於辯論終結後7日內，聲請法院定期播放審判期日錄音或錄影內容核對更正之。（刑訴§44-1 II前段）

第三個重點，則是自備費用轉譯，法律規定如下：其經法院許可者，亦得於法院指定之期間內，依據審判期日之錄音或錄影內容，自行就有關被告、自訴人、證人、鑑定人或通譯之訊問及其陳述之事項轉譯為文書提出於法院。（刑訴§44-1 II後段）

聲請播放審判期日錄音狀

聲請人：陳大毛　　　　住居所：○○○
……（略）
為聲請播放審判期日錄音事
鈞院○○年度○○字第○○○號案件，於○○年○月○日審理，茲因該期日審判筆錄之記載有錯誤或遺漏，爰依刑事訴訟法第44-1條第2項前段規定，聲請　鈞院指定期日播放審判期日錄音內容，以供核對更正。

謹狀
○○地方法院刑事庭　公鑒

相關證物：
　　　　　　　　　　　具狀人：陳大毛　[印][印]
　　　　　　　　　　　撰狀人：○○○
中　華　民　國　○　○　年　○　○　月　○　○　日

證據調查

被告未經審判證明有罪確定前,推定其為無罪。(刑訴§154Ⅰ)

犯罪事實應依證據認定之,無證據不得認定犯罪事實。(刑訴§154Ⅱ)

定罪要看證據,是刑事訴訟上最基本的法則,而且,檢察官就被告的犯罪事實,負有舉證責任,並且須提出相關的證明方法。(刑訴§161Ⅰ)

以常見的公務員圖利罪為例,檢察官如果要依該條起訴某位公務員貪污,除了必須證明這是該名公務員在主管職務上所犯的罪外,檢察官還必須證明被告是為了「圖自己或其他私人的不法利益」,如果是圖國家或公眾的利益,就不符合該條的要件。此外,如果檢察官無法證明因此確實有不法利益流入私人口袋,法院一樣無法判決被告犯有圖利罪的!

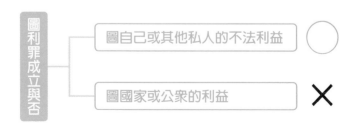

⬤ 不自證己罪之原則

「我當天晚上確實在場殺人，張三、李四、王五可以證明我當初確實有犯罪」。良心發現的被告會自動自發地證明自己有罪，這應該較為少見。被告沒有義務去證明自己犯罪，但為了洗刷罪嫌，積極地提出對自己有利的證據，往往也有一定的必要性。

⬤ 無罪推定原則

「無罪推定原則」是國際公認的刑事訴訟基本原則，我國刑事訴訟法第154條第1項規定：「被告未經審判證明有罪確定前，推定其為無罪。」即揭示此一原則。因此，被告雖然經檢察官提起公訴，但如果沒有經過法院審判定罪以前，被告尚非謂為有犯罪，仍應先推定被告是無罪。檢察官為了追訴被告犯罪，則必須提出充分的證據，舉證證明被告確實有罪。被告未經自白又無證據，不得僅因其拒絕陳述或保持緘默，而推斷其罪行。（刑訴§156 Ⅳ）

以下來一段法院判決的基本論述：

按犯罪事實應依證據認定之，無證據不得認定犯罪事實；又不能證明被告犯罪者，應諭知無罪之判決，刑事訴訟法第154條第2項及第301條第1項分別定有明文。次按認定犯罪事實所憑之證據，雖不以直接證據為限，間接證據亦包括在內；然而無論直接或間接證據，其為訴訟上之證明，須於通常一般之人均不致有所懷疑，而得確信其為真實之程度者，始得據為有罪之認定，倘其證明尚未達到此一程度，而有合理之懷疑存在時，事實審法院復已就其心證上理由予以闡述，敘明其如何無從為有罪之確信，因而為無罪之判決，尚不得任意指為違法（最高法院76年台上字第4986號判決要旨參照）。

5 證據的概念

　　「證據」，是指可以證明某件事實為真的人、事或物。在刑事訴訟法，「證據」又分為「證據能力」與「證據證明力」兩個層面，其中「證據能力」指的是可以作為證據的「資格」，必須是經過嚴格的法定證明方法，且不是刑事訴訟法所禁止使用的。而刑事訴訟法上所允許的證據方法，則限於被告的陳述、證人、鑑定、物證，以及勘驗等五種。

　　某個證據欠缺證據能力，即使它能證明被告有罪，也要直接排除掉。只有在具備證據能力後，才能進入證據證明力的判斷階段，繼續評估這個證據的「價值」，也就是證據「可信度」的問題。套句廣告術語，證據能力有如「先講求不傷身體」，而證據證明力則有如「再講求療效」。

　　法官每調查一項證據都一定會問被告：「對這項證據的證據能力有無意見？」

　　這句話的意思，簡單來說，只是問被告是否質疑證據的「合法性」。至於這項證據的內容如何（譬如證人所言是否真正），則是在審理「證據證明力」階段才要爭辯的，被告在此時如果操之過急，想把對該證據要爭執的東西都一股腦地說給法官聽，一定會被制止的。

五大證據方法

① 被告的陳述

② 證人

③ 鑑定

④ 物證

⑤ 勘驗

6 證據能力及證據證明力

▶ 證據能力

　　證據能力，又稱之為證據資格。證據能力是指具有得以證明被告犯罪證據的資格，若無證據能力，毋庸探討次階段之證據證明力。實施刑事訴訟程序之公務員因違背法定程序取得之證據，除法律另有規定外，其有無證據能力之認定，應依照「權衡理論」加以判斷之，並不會絕對沒有證據能力。曾有某強盜案件，警方違背指認程序，只提供被告一人的照片供指認，屬於一對一的指認，並沒有採取選擇式指認，顯然違反指認程序。高等法院認為指認無證據能力，最高法院則認為應依「權衡理論」審酌人權保障及公共利益之均衡維護，不應率斷認為指認無證據能力。（96台上4563）

▶ 證據證明力

　　證據證明力，指證據對於待證事實之認定，具有實質上的價值。對於有證據能力之證據，須經由法院評價才能認定是否具有證明力，以及證明力之強弱程度。證據之取捨與其證明力之判斷，以及事實有無之認定，屬事實審法院之職權，苟其取捨證據與判斷證據證明力並不違背經驗法則及論理法則，即不容任意指為違背法令，而執為第三審適法之上訴理由。（96台上4392）

證據能力及證據證明力

```
第一階段：          →     第二階段：
證據能力                   證據證明力
```

認定事實、適用法律之前，證據必須具備有證據能力，才能進行第二階段證據證明力之判斷。

根本沒有證據能力之證據，則不必進入第二階段證據證明力之判斷。

 實例說明 馬英九特別費案──吳麗洳筆錄之證據能力

前總統馬英九特別費案，證人吳麗洳在偵查庭中所爲之筆錄，有些情況是檢察官以假設性用語「理論上」提問，筆錄中問題及應答卻略而未顯，或者是證人以口頭語方式「對」、「嗯」之言詞，而非針對問題回答，也不是筆錄所記載之肯定答覆。

法院認爲回答內容遭檢察官斷章取義，且有筆錄記載與實際問答不符之情，故檢察官所爲之筆錄不具有「特信性」，而有顯不可信情況，應依刑事訴訟法第159-1條第2項之反面解釋，認爲吳麗洳的筆錄無證據能力。（臺北地方法院96年度矚重訴字第1號刑事判決）

7

被告的陳述

偵查機關蒐集相關事證後，認定特定涉嫌者有涉案的可能性，此時稱該涉嫌者為「犯罪嫌疑人」。起訴後，該犯罪嫌疑人才可以稱之為「被告」。偵查單位或法院依法訊問被告後，被告自白犯罪或為其他不利的陳述，都可作為證據。

▶ 自白不得作為有罪判決的唯一證據

曾經有人因為非常窮，很希望到牢裡享受免費的牢飯，於是向警方自首說殺了人，結果當然是找不到凶器，也找不到被害人，唯一的證據只有被告的自白。這種情況下，是不能將之判處殺人罪的，一定要找到其他證據來補強自白的薄弱性。

過去實務見解中，對於自白證據之價值，被尊稱為「證據之王」。換言之，只要當事人認罪，承認案子是他所為，在法庭上比任何人證或物證都還要更有價值。

但是，司法不斷地進步，若仍然採取此一見解，恐怕會造成當事人訴訟程序上潛在的侵害。何以有此一說？蓋因案件承辦人員在破案績效的壓力之下，恐怕會以刑求的方式破壞當事人的任意性而取得自白。

知名的蘇建和等三人殺人案，遭法院判處死刑，但相關事證除了已經往生共犯的筆錄、床頭找到的一些零錢等薄弱的證據外，就是當

事人的自白。而蘇建和等人又高聲喊冤，表示遭到警方刑求才做出不利於己的自白，到現在本案仍未有一個真正的結論。

因此，自白不得作為有罪判決之唯一證據，即便要成為認定事實、適用法律的基礎，還是應調查其他必要之證據，以察其是否與事實相符。（刑訴§156Ⅱ）

▶ 自白之任意性

以強暴、脅迫、利誘、詐欺、疲勞訊問、違法羈押或其他不正之方法，取得被告的自白或證人的證詞，都不可以作為證據。（刑訴§156Ⅰ）若被警方用非法方式取供，到檢察官偵訊時就一定要說，千萬不要拖到法院才肯說。

▶ 被告自稱遭到刑求之處置

被告陳述其自白係出於不正之方法者，應先於其他事證而為調查。該自白如係經檢察官提出者，法院應命檢察官就自白之出於自由意志，指出證明之方法。（刑訴§156Ⅲ）所以，調查自白是否具備「任意性」，是優先調查的事項；其次，自白是由檢察官提出，則「任意性」之舉證責任在檢察官。一般而言，提出偵訊錄音或錄影的紀錄或其他人證，大致上就可以證明其任意性。

【刑事訴訟法第156條】

Ⅰ 被告之自白，非出於強暴、脅迫、利誘、詐欺、疲勞訊問、違法羈押或其他不正之方法，且與事實相符者，得為證據。

Ⅱ 被告或共犯之自白，不得作為有罪判決之唯一證據，仍應調查其他必要之證據，以察其是否與事實相符。

Ⅲ 被告陳述其自白係出於不正之方法者，應先於其他事證而為調查。該自白如係經檢察官提出者，法院應命檢察官就自白之出於自由意志，指出證明之方法。

Ⅳ 被告未經自白，又無證據，不得僅因其拒絕陳述或保持緘默，而推斷其罪行。

【刑事訴訟法第158-2條】

Ⅰ 違背第93-1條第2項、第100-3條第1項之規定，所取得被告或犯罪嫌疑人之自白及其他不利之陳述，不得作為證據。但經證明其違背非出於惡意，且該自白或陳述係出於自由意志者，不在此限。

Ⅱ 檢察事務官、司法警察官或司法警察詢問受拘提、逮捕之被告或犯罪嫌疑人時，違反第95條第1項第2、3款或第2項之規定者，準用前項規定。

【刑事訴訟法第158-4條】

除法律另有規定外，實施刑事訴訟程序之公務員因違背法定程序取得之證據，其有無證據能力之認定，應審酌人權保障及公共利益之均衡維護。

　　南韓曾經發生「性刑求」，簡單來說就是利用性虐待的方式達到刑求逼供的目的。這起事件被南韓列為西元1945至1988年間的60大重要事件之一，也是南韓人權運動與民主化運動的一個里程碑。

　　該起事件發生在1986年間，女大學生權仁淑偽裝至工廠就業，目的是為了教導女性勞工爭取自己的勞動權益。在一次示威活動中遭警方逮捕，偵訊過程中，刑警文貴童利用性虐待的方法刑求她，而達到逼供的目的。權仁淑在法庭上陳述曾遭警方性刑求，但仍不被採信而且被判了重刑。這引起社會團體的重視，唯當時南韓仍偏向高壓統治的政治環境，遂在檢察官包庇下草草結案，結果引起社會譁然，數萬人齊集天主教明洞聖堂示威，更有將近兩百名律師挺身而出，義務當權仁淑的辯護律師，終於迫使本案重新調查，將刑警文貴童免職並判處重刑。

本故事引自朱立熙的「臺灣心 韓國情」個人網站

《http://www.rickchu.net/》

第六篇　審判程序之進行

8 證人

● 傳喚證人之基本規定

傳喚證人，應用傳票。（刑訴§175 I）

傳票，應記載下列事項：（刑訴§175 II）

1. 證人之姓名、性別及住所、居所。

2. 待證之事由。

3. 應到之日、時、處所。

4. 無正當理由不到場者，得處罰鍰及命拘提。

5. 證人得請求日費及旅費。

法院因當事人、代理人、辯護人或輔佐人聲請調查證據，而有傳喚證人之必要者，為聲請之人應促使證人到場。（刑訴§176-2）

實務案例 國務機要費作證案

國務機要費案，法院依據檢察官的聲請，傳喚當時現任總統府秘書長陳唐山、第二局局長、第二局三科科長、政風處處長及政風處一科科長等人。然而該等5人為了維護國家機密而拒絕出庭，被法院認為無正當理由，而科以新臺幣3萬元。相信他們為了國家繳交這3萬元也是有所貢獻。

▶ 作證的義務

對於刑事案件有所見聞的訴訟第三人。任何人都有作證的義務，如果拒絕履行此一義務，可能會被科以新臺幣3萬元以下之罰鍰，並得拘提之；再傳不到者，亦同。（刑訴§178 I）

若有傳喚證人之需要，可參考下列格式撰寫訴狀：

刑事聲請傳喚證人狀

案號：○○年度訴字第○○○○○○號　　股別：○股
聲請人：吳大毛　　　　住址：臺北市凱達格蘭大道1號
（即自訴人或被告）　　行動電話：0911-111111
送達代收人：　　　　　址設：
　　　　　　　　　　　電話：

為請求傳喚證人事
一、被告吳大毛被訴強盜殺人案件，正由貴院審理中
　　（臺北地方法院○○年度訴字第○○○○○○○號）。
二、請求傳喚證人王小輝，男（女），住○○○○○
　　○○○○○。

　　與待證事實之關係及預期詰問所需時間：
　　○○○○○○○○○○。

三、依刑事訴訟法第163條第1項及第163-1條第1項規
　　定，請求如上。

謹　狀
臺灣臺北地方法院　公鑒
證物名稱及件數：
　　　　　　　　　具狀人：吳大毛　印
　　　　　　　　　撰狀人：○○○　　印
中　華　民　國　○○　年　○○　月　○○　日

寫下所欲傳喚證人的基本資料，讓法院能夠傳喚該名證人

具體敘明傳喚證人與本案的關係，如果隨便亂傳，法院當然不會准許

◉ 可否拒絕作證

證人有陳述的義務，可是有下列四種情形之一，是可以拒絕作證：

- 必須得到該管監督機關或公務員之允許（刑訴 §179）
- 證人與被告（或自訴人）有特定身分關係（刑訴 §180）
- 證人擔心自己或他人受到追訴或處罰（刑訴 §181）
- 證人因為業務上的關係，而知悉他人秘密（刑訴 §182）

其中，因為業務上的關係而知悉他人秘密，並不是任何業務都包括在內，僅限於證人為醫師、藥師、助產士、宗教師、律師、辯護人、公證人、會計師，或其業務上佐理人或曾任此等職務之人。除非獲得本人的允許，否則上述證人得拒絕證言。（刑訴 §182）

■記者可以拒絕說出「消息來源」嗎？

股市勁永禿鷹案，不明人士曾在檢調準備搜索勁永公司之前，將此消息放給記者高年憶，高某之報導成為內線交易過程中放空勁永股票的工具。臺北地方法院傳喚高年憶出庭作證，詢問其報導勁永案之消息來源。高年憶因為拒絕說出消息來源，遭法院以證人無正當理由，科以3萬元之罰鍰。不過，最高法院於96年初撤銷高院處罰的裁定，要求高院審酌「記者在公開法庭透露消息來源，是否會對記者造成重大損害」。

同樣的場景也發生在美國，2005年間，檢察官正調查乙件中央情報局特情人員瓦萊麗・普雷姆身分曝光的事件，紐約時報的一名記者朱迪思・米勒（Judith Miller）拒絕向檢察官透露消息來源，遭法院認為藐視法庭而關入獄中85天；同案另外一名時代雜誌的記者古柏，則妥協並願意交出採訪紀錄。

拒絕證言權

醫師
會計師
宗教師
助產士
藥師
公證人
辯護人
律師

Yes

記者

No

▶ 證人之具結

㈠具結之概念

　　所謂「具結」，是指證人保證所言為真，也就是以文書保證其所陳述之事實為真實，通常是以「宣誓」的方式為之。有點類似結婚的誓言「我願意與另外一半廝守終生」。如果具結之後還說了假話，那可是會觸犯刑事責任，如刑法第168條偽證罪之規定：「於執行審判職務之公署審判時或於檢察官偵查時，證人、鑑定人、通譯於案情有重要關係之事項，供前或供後具結，而為虛偽陳述者，處7年以下有期徒刑。」證人具結前，應告以具結之義務及偽證之處罰。對於不令具結之證人，應告以當據實陳述，不得匿、飾、增、減。（刑訴§187）

㈡證人具結義務之免除

　　證人應命具結，但是證人有第181條之情形者，應告以得拒絕證言（所謂第181條之情形，是指證人恐因陳述致自己或與其有刑法第180條第1項一定親屬或特定關係之人受刑事追訴或處罰者，得拒絕證言）。有下列情形之一者，不得令其具結：

　1. 未滿16歲者。
　2. 因精神障礙，不解具結意義及效果者。（刑訴§186 I ）

㈢具結之方式

　　具結應於結文內記載當據實陳述，決無匿、飾、增、減等語；其於訊問後具結者，結文內應記載係據實陳述，並無匿、飾、增、減等語。結文應命證人朗讀；證人不能朗讀者，應命書記官朗讀，於必要時並說明其意義。結文應命證人簽名、蓋章或按指印。證人係依第177條第2項以科技設備訊問者，經具結之結文得以電信傳真或其他科技設備傳送予法院或檢察署，再行補送原本。（刑訴§189）

◉ 證人保護法

㈠規範目的

　　為保護刑事案件及檢肅流氓案件之證人，使其勇於出面作證，以利犯罪之偵查、審判，或流氓之認定、審理，並維護被告或被移送人之權益，我國於95年公布施行證人保護法。（證人保護法§1）

㈡受保護證人的範圍

　　依本法保護之證人，以願在檢察官偵查中或法院審理中到場作證，陳述自己見聞之犯罪或流氓事證，並依法接受對質及詰問之人為限。（證人保護法§3）

㈢證人保護法聲請要件

　　證人或與其有密切利害關係之人因證人到場作證，致生命、身體、自由或財產有遭受危害之虞，而有受保護之必要者，法院於審理中或檢察官於偵查中得依職權或依證人、被害人或其代理人、被告或其辯護人、被移送人或其選任律師、輔佐人、司法警察官、案件移送機關、自訴案件之自訴人之聲請，核發證人保護書。但時間急迫，不及核發證人保護書者，得先採取必要之保護措施。（證人保護法§4Ⅰ）

　　司法警察機關於調查刑事或流氓案件時，如認證人有前項受保護必要之情形者，得先採取必要之保護措施，並於7日內將所採保護措施陳報檢察官或法院。檢察官或法院如認該保護措施不適當者，得命變更或停止之。（證人保護法§4Ⅱ）

　　以下提供「刑事聲請核發證人保護書狀」、「遠距訊問聲請單」參考範本如下：

刑事聲請核發證人保護書狀

案號：○○　　　　　　股別：○○

聲請人：○○○　　　　住居所：○○○○○○

受保護人：○○○　　　住居所：○○○○○○

為受保護人因○○○案件作證，聲請核發證人保護書事：

一、作證事項：……。

二、請求保護之事由及必要理由：……。

三、請求保護之方式：爰依證人保護法第○○條之規定請求。

　　　　　□㈠身分保密

　　　　　□㈡隨身安全保護

　　　　　□㈢禁止或限制特定人接近

　　　　　□㈣短期生活安置：

　　　　　1.安置機關：……。

　　　　　2.安置內容：……。

四、請求保護之期間：

　　　　　□㈠自○○年○月○日起至○○年○月○日。

　　　　　□㈡永久保密（身分保密）。

此　　致

○○法院刑事庭　公鑒

證物名稱及件數

　　　　　　　　　　　　　具狀人：○○○

　　　　　　　　　　　　　簽章（按指紋）　[印]

中　華　民　國　○　○　年　○　○　月　○　○　日

臺灣○○法院遠距訊問聲請單			
案　　　號		案 類 股 別	□民事　□刑事 ＿＿＿＿＿股
聲 請 人 姓 名		聲 請 日 期	
聲 請 人 身 分 證 統 一 編 號		聲 請 人 稱 謂	□證人□鑑定人 □其他：
住　　　址		聯 絡 電 話	日：＿＿＿＿ 夜：＿＿＿＿
案　　　號			
原通知受訊問 之所在地法院			
擬聲請受訊問 之所在地法院			
聲 請 理 由			
聲 請 人 簽 名			
※法　　　官		※書記官	

填寫說明

1. 本聲請單欄位，前有「※」符號者，係由法院端填寫。

2. 本聲請單填寫後，請郵寄、傳真或電子郵遞向原通知受訊問之所在地
法院提出聲請。

9 傳聞證據

　　證人在國外、證人沒空、證人已經在警察局做過筆錄了等情況，可以用書面作證嗎？甚至是否可由證人畫押，以證明該書證內容確實無誤嗎？證人可否到庭證稱：「我曾經親耳聽說某乙表示親眼看到某丙殺丁……」這些即所謂的傳聞證據。依據刑事訴訟法第159條第1項之規定：「被告以外之人於審判外之言詞或書面陳述，除法律有規定者外，不得作為證據。」換言之，也就是排除傳聞證據的適用。

▶ 傳聞法則之概念

　　傳聞法則（Hearsay Rule），是英美上之重要證據法則，係指排除傳聞證據（Hearsay Evidence）作為證據之法則，亦即否定、限制傳聞證據具有證據能力。傳聞法則係由英美國家發展而來，隨著陪審團制度之發達而成長。

　　傳聞法則之主要作用，在英美法係當事人進行主義者，重視當事人與證據之關係，排斥傳聞證據，以保障被告之反對詰問權。英美法之所以排斥傳聞證據，其主要法理係基於「傳聞證據之可信度低」、「無從確保被告之反對詰問權」及「無從貫徹直接審理之要求」，故傳聞證據實不具備證據資格，法院在進行調查證據之程序時，原則上即應加以排除之。因此，除非法律另外有所規定，不然不管該項證詞對被告是有利或不利，法院都有義務傳喚證人到庭再陳述一次，並接受檢察官、被告、辯護人的詰問，必要時還要與被告進行對質。

● 傳聞法則之例外

類型	條文	規範內容
審判筆錄： 任意陳述之信用性已受確定保障之情況	159-1 I	審判外向法官所為之陳述，得為證據。
檢察官之偵查筆錄： 程序上不致違法取供，其可信性極高	159-1 II	偵查中向檢察官所為之陳述，除顯有不可信之情況者外，得為證據。（原則採之，例外不採）
警訊筆錄： 相較於審判中陳述之可信性較低	159-2	於檢察事務官、司法警察官或司法警察調查中所為之陳述，與審判中不符時，其先前之陳述具有較可信之特別情況，且為證明犯罪事實存否所必要者，得為證據。（原則不採，例外採之）
蒐證困難之特殊情況： 仍須具備可信性	159-3	有下列情形之一，於檢察事務官、司法警察官或司法警察調查中所為之陳述，經證明具有可信之特別情況，且為證明犯罪事實之存否所必要者，得為證據： 一、死亡者。 二、身心障礙致記憶喪失或無法陳述者。 三、滯留國外或所在不明而無法傳喚或傳喚不到者。 四、到庭後無正當理由拒絕陳述者。
特種可信性之文書	159-4	除前三條之情形外，下列文書亦得為證據： 一、除顯有不可信之情況外，公務員職務上製作之紀錄文書、證明文書。 二、除顯有不可信之情況外，從事業務之人於業務上或通常業務過程所須製作之紀錄文書、證明文書。 三、除前二款之情形外，其他於可信之特別情況下所製作之文書。
同意或未聲明異議	159-5	當事人於審判程序同意作為證據，法院審酌該言詞陳述或書面陳述作成時之情況，認為適當者。 當事人、代理人或辯護人於法院調查證據時，知有第159條第1項不得為證據之情形，而未於言詞辯論終結前聲明異議者，視為有前項之同意。

● 其他不適用傳聞證據之情況（刑訴§159 II）

(一)**起訴審查**（刑訴§161 II）

　　法院於第一次審判期日前，斟酌檢察官起訴或移送併辦意旨及全案卷證資料，依客觀之經驗法則與論理法則，從客觀上判斷被告是否顯無成立犯罪之可能，明定其不適用傳聞法則之規定。

(二)**簡式審判程序**

　　簡式審判程序時，對於證據之調查，依修正條文第273-1條、第273-2條等規定，排除傳聞法則之適用。

(三)**簡易判決**

　　簡易程序乃對於情節輕微，證據明確，已足認定其犯罪者，規定迅速審判之訴訟程序，其不以行言詞審理為必要，如條文第449條第1項前段即規定：第一審法院依被告在偵查中之自白或其他現存之證據，已足認定其犯罪者，得因檢察官之聲請，不經通常審判程序，逕以簡易判決處刑，是以適用簡易程序之案件，當無須適用傳聞法則之規定。

(四)**關於羈押、搜索等強制處分之審查**

　　關於搜索、鑑定留置、許可、證據保全及其他依法所為強制處分之審查，除偵查中特重急迫性及隱密性，應立即處理且審查內容不得公開外，其目的僅在判斷有無實施證據保全或強制處分之必要，因上開審查程序均非認定被告有無犯罪之實體審判程序，其證據法則毋須嚴格證明，僅以自由證明為已足，爰明定其不適用傳聞法則之規定，以避免實務運作發生爭執。

可信性之情況保證

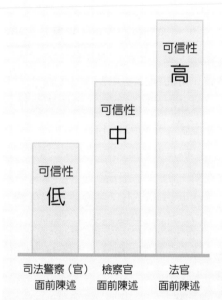

法官面前陳述：
即便是審判外，也得為證據，可信性最高。

檢察官面前陳述：
原則可採為證據，例外顯不可信的情況，不得採為證據，其可信性稍低於法官面前之陳述。

司法警察（官）面前陳述：
原則不可採為證據，例外「有較可信之特別情況」且為「證明犯罪事實存否所必要者」，則仍可採為證據。

可信性
高

可信性
中

可信性
低

司法警察（官）　檢察官　　法官
面前陳述　　面前陳述　面前陳述

可信性程度之檢討：

　　早期司法警察（官）違法取供的情況為人所詬病，然而歷經多年的變革，錄音、錄影早已成為製作筆錄的基本需求。早期為了破案不擇手段，也早已不復多見。是否仍應以傳統觀念作為判斷可信性程度高低之標準，顯然有欠公允。若能有數據統計作為立法依據，才能為之信服。司法警察（官）耗時費力進行偵查作為，約談相關人等到案，卻因可信性程度「先天」被視為過低，可能導致一切所為皆屬白工，此種立法制度是否妥適，殊值檢討。

▶ 電子郵件是否屬於傳聞證據

電子郵件是否屬於傳聞證據，法院見解並不相同，有採肯定之見解，例如有判決逕行認為電子郵件列印資料屬於傳聞證據（北院93易1339）；亦有認為告訴人接獲友人轉寄之電子郵件，始知其夫與他人通姦，該電子郵件為被告以外之人於審判外之書面陳述，屬傳聞證據（高院94上易475）；也有採否定之見解，例如針對冒用他人名義，寄送散布誹謗被害人之電子郵件，法院認為並非「陳述」，即非傳聞證據（北院92訴1411）。

至於其他電腦紀錄是否屬於傳聞證據，見解亦很紛亂，有採肯定之見解，例如有法院認為「中華電信數據通信分公司用戶資料」乃電信警察隊第一中隊回覆臺北地檢署之附件資料，屬傳聞證據（北院93易1338）。亦有採否定之見解，認為電腦紀錄因並未涉及人的陳述，故並非屬傳聞證據（板院93易638）。

本書見解

以電子郵件而言，當應探討電子郵件之內容是否該當「傳聞」之要件，惟實務上往往直接論斷電子郵件是否屬於傳聞證據，顯然未能善盡法院敘明理由之責。

至於電腦紀錄方面，核心問題也在於是否該當於「傳聞」之定義。許多實務見解均以「電腦所為，而非人所為」為理由，不認為是傳聞證據。但是此種電腦設備取代人工操作，仍係在人員之操控下所進行，電腦設備實係人員操作之延伸，如同工具之性質，亦屬人員意旨之延伸。從此一觀點而言，應該也是屬於人的陳述，而有進行傳聞證據認定之必要。

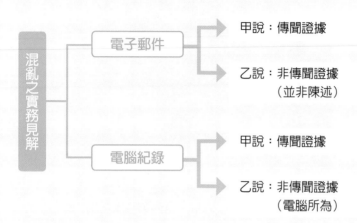

混亂之實務見解

電子郵件
- 甲說：傳聞證據
- 乙說：非傳聞證據（並非陳述）

電腦紀錄
- 甲說：傳聞證據
- 乙說：非傳聞證據（電腦所為）

延伸閱讀 數位證據之法庭攻防

　　數位證據與電腦鑑識領域一直未獲國內司法機關重視，主因在於法律人普遍不瞭解數位證據，導致實務上欠缺處理數位證據之能力，而作為證據基礎的電腦鑑識也未能建立紮實的基礎，希望藉由本書的付梓，為提升數位證據的認知建立基礎的貢獻。本書以實務判決為出發點，並輔以淺顯易懂的解說與一看就懂的圖解，降低學理探討之比例，讓法律人能迅速瞭解數位證據問題的癥結所在，以利法庭攻防。

10 鑑定

　　刑事司法人員對於偵查犯罪之專業訓練相當充足，但是對於特殊專業領域則仍無法深入研究。因此，必須透過具有專業知識或經驗者，對於特定之證據資料加以分析、實驗或臨床診斷，以作為檢察官追訴或法庭審理的參考，此種程序即稱之為鑑定（forensic）。

　　以現在常見的電腦科技為例，數位證據容易遭到刪除及修改，因此必須藉由特定之還原分析技術，才能釐清犯罪之原貌，電腦鑑識（computer forensics）的觀念於焉產生。調查局於2006年底正式成立資安實驗室，提供數位證據的鑑定服務。

　　鑑定，除有特別規定外，準用人證之規定。（刑訴§197）鑑定人限於就鑑定事項有特別知識經驗者，以及經政府機關委任有鑑定職務者。（刑訴§198）對於鑑定人並不能以拘提的方式強制到庭陳述（刑訴§199），與人證無正當理由不到場者，得處罰鍰及命拘提，兩者有所不同。（刑訴§175Ⅱ、178Ⅰ）鑑定人應於鑑定前具結，其結文內應記載必為公正誠實之鑑定等語。（刑訴§202）

　　鑑定人因鑑定之必要，得經審判長、受命法官或檢察官之許可，檢查身體 、解剖屍體、毀壞物體或進入有人住居或看守之住宅或其他處所。（刑訴§204Ⅰ）此一許可，應用許可書。但於審判長、受命法官或檢察官前為之者，不在此限。（刑訴§204-1Ⅰ）

▶ 如何聲請鑑定

鑑定人在審判中由審判長或受命法官，在偵查中由檢察官選任。

Q： 如果檢察官或法院不願意進行鑑定，可否自行找專家鑑定？鑑定的結果可不可以作為證據？

A： 只要不是法院或檢察官選任為鑑定者，其所製作之鑑定報告書，屬於傳聞證據，原則上不得作為證據。

▶ 什麼是鑑定留置

為了鑑定被告的心神或身體，得預定7日以下之期間，將被告留置於醫院或其他適當處所連續觀察、診療的處分。（刑訴§203Ⅲ）此種情況，因為涉及到限制當事人之人身自由，因此應用鑑定留置票，由法官簽名。檢察官認有鑑定留置必要時，向法院聲請簽發之。（刑訴§203-1）

例如觸犯妨害性自主罪的被告，在法院裁判前，應經過「鑑定」，由專業醫師判斷有沒有施以治療的必要，以判斷是否令入相當的處所強制治療。

實務案例 吞海洛因球事件

實務上也曾發生吞海洛因球至胃中，企圖搭飛機闖關，賺取23萬元的「賣命錢」。為了讓被告順利將毒品排出體外，先送到醫院的急診室，然後服下瀉藥，由於會花很多時間，檢警偵訊被告只能使用24小時，檢方擔心時間不夠，所以另外向法官聲請「鑑定留置票」，好讓被告慢慢「排毒」。

11

物證

　　凡是與犯罪事實有關的物體，均為物證調查的對象，包括「普通證物」與「書證」。

　　什麼是普通證物？例如殺人的刀子，搶劫用的贓車。

　　什麼是書證？例如公務員在刑事追訴中所作成的筆錄。為了答辯的說明，可能還需要向特定機關調閱相關書證，例如網路上張貼誹謗內容的文字，受害人可以向法院聲請調閱電信業者的紀錄檔案，以證明被告確實有上網張貼誹謗文字的行為。其他像是帳戶明細、就醫紀錄等都屬之。

　　物證調查之方法，包括第一、觀察與分析：例如藉由人的五官對於證物加以觀察，或透過科學的驗證加以分析；第二、提示：審判長應將證物提示當事人、代理人、辯護人或輔佐人，使其辨認。（刑訴§164 I）第三、宣讀或告以要旨：卷宗內之筆錄及其他文書可為證據者，審判長應向當事人、代理人、辯護人或輔佐人宣讀或告以要旨。（刑訴§165 I）如果未踐行提示、宣讀或告以要旨之程序，依據刑事訴訟法第379條第10款規定「依本法應於審判期日調查之證據而未予調查者」，屬於判決當然違背法令，可以作為上訴第三審之理由。

　　有關刑事訴訟法第165條宣讀或告以要旨之規定，於文書外之證物有與文書相同之效用者，準用之。錄音、錄影、電磁紀錄或其他相

類之證物可為證據者，審判長應以適當之設備，顯示聲音、影像、符號或資料，使當事人、代理人、辯護人或輔佐人辨認或告以要旨。（刑訴§165-1）

刑事請求調查證據狀

案號：○○年度訴字第○○○○○○號　股別：○股

聲請人：吳大毛　　　　住址：臺北市凱達格蘭大道1號

（即自訴人或被告）　　行動電話：0911-111111

送達代收人：　　　　　址設：

　　　　　　　　　　　電話：

為請求調查證據事

一、被告吳大毛被訴強盜殺人案件，正由貴院審理中（臺北地方法院96年度訴字第1000001號）。

二、請求向○○○調閱○○。若係文書請載明其目錄及請求調閱之部分）與待證事實之關係：○○○○○○○○○○（具體敘明）。

三、依刑事訴訟法第163條第1項、第163-1條第1項規定，請求如上。

謹　　狀

臺灣臺北地方法院 公鑒

證物名稱及件數：

　　　　　　　　　　具狀人：吳大毛　印

　　　　　　　　　　撰狀人：○○○　印

中　華　民　國　○　○　年　○　○　月　○　○　日

寫下案號

寫下向什麼機關調閱何種資料，機關與資料內容應該要清楚明確，以利法院進行調閱

具體說明為什麼要調閱這些資料

12 勘驗

　　勘驗是指對與案件有關的場所、物品或屍體,由司法人員或特定機關人員依其職權和法定程序,進行勘查、檢驗,勘驗製作筆錄。

　　勘驗,得為下列處分:

1. 履勘犯罪場所或其他與案情有關係之處所。
2. 檢查身體。
3. 檢驗屍體。
4. 解剖屍體。
5. 檢查與案情有關係之物件。
6. 其他必要之處分。(刑訴§213)

　　行勘驗時,得命證人、鑑定人到場。檢察官實施勘驗,如有必要,得通知當事人、代理人或辯護人到場。(刑訴§214Ⅰ、Ⅱ)

　　檢查身體,如係對於被告以外之人,以有相當理由可認為於調查犯罪情形有必要者為限,始得為之。(刑訴§215Ⅰ)

　　至於實務上常見之開棺驗屍,則是依據刑事訴訟法第217條規定:「因檢驗或解剖屍體,得將該屍體或其一部暫行留存,並得開棺及發掘墳墓。檢驗或解剖屍體及開棺發掘墳墓,應通知死者之配偶或其他同居或較近之親屬,許其在場。」

　　法醫楊日松，相信這位法醫界的前輩大家並不陌生，有關他的傳奇故事難以計數。多年前，發生在臺北縣的一件殺人棄屍案，楊日松相驗屍體時認定是他殺，並且依據死者骨骼彎曲的程度斷定死者是計程車司機，後來命案偵破了，證實該名死者確實是從事計程車業，令辦案1人員嘖嘖稱奇。

　　據稱，法醫楊日松驗屍不戴口罩，也不戴手套，爲的是要藉由聞屍體的氣味和觸摸實際的感覺來判斷屍體的狀況，故許多命案發生的原因都難逃他的法眼。

　　此外，還有一些道聽塗說的靈異傳聞，例如某一天楊日松到醫院解剖一具女屍，歸途中遇到「鬼打牆」，車子轉了半天還是在原地附近，於是楊日松回到醫院再驗一次，結果在肺部找到毒藥殘留的痕跡。民國81年間，傳聞他到沙崙海水浴場相驗女屍，晚間即夢到滿面鮮血的女子，隔日再度相驗屍體，發現並非遭海裡螃蟹所啃食，而是遭人以利刃將臉部割除。

第六篇

審判程序之進行

223

13 交互詰問

▶ 基本概念

交互詰問（cross examination）是發現真實的最大利器。我國目前刑事訴訟法採取「改良式的當事人進行主義」，除了陪審團沒有引進國內之外，其他交互詰問的制度與英美法國家有異曲同工之妙。

所謂交互詰問，是指刑事案件在法庭開庭調查時，得由檢察官、辯護人或被告分別對證人直接問話，使證人的陳述內容對自己一方有利的證據；或是發現對方所提證人之陳述內容有誇大不實之虛偽陳述時，可以當庭提出詰問，讓證人的虛偽陳述不被法院所採信。以交錯的方式進行，也就是必須遵守一定的順序，當一方詰問完畢，才輪到另一方發問，所以才稱為交互詰問。

我國的刑事訴訟法制並無陪審制，法官還是會在某種情況下介入當事人間的訴訟程序，也就是針對公平正義之維護或對被告利益有重大關係之事項，還是得以依職權調查證據。現行法准許被告若要親自詰問證人，但是被告可能不會詰問，又沒錢請律師辯護，法院可以覓請辯護律師代行詰問，也可由被告當庭請求法官代為詰問。

▶ 交互詰問之開始與順序

當事人、代理人、辯護人或輔佐人等聲請傳喚之證人、鑑定人，在審判長依本法第185條、第197條為人別訊問後，即由當事人、代理人或辯護人直接運作交互詰問之訴訟程序。（刑訴§166Ⅰ）

Q：是不是只有律師才可以詰問呢？

A：並非如此，當事人、代理人或辯護人可直接對證人詰問。

實務見解 金法尤物的燙髮知識

　　「金法尤物」的影片中，全身上下都是粉紅色的女主角在法庭上的第一場辯論，案情是某名男子疑似遭其女友殺害，女主角擔任該名女友的辯護律師，該男子的女兒作證表示看到涉嫌人將其父親殺死，輪到女主角詰問這名女兒時，女兒表示因為洗頭而沒有聽到槍聲，後來女主角持續追問下，又詰問出她當天有去燙頭髮的線索。

　　然而，燙頭髮後的24小時內都不能碰水，否則藥水將失效。因為女性都知道剛燙完頭髮絕對不能洗頭，所以，女主角認為該男子的女兒說謊。由於女主角對於燙髮的專業知識發現女兒根本不可能在當天洗頭，讓原本被列為證人之女兒遭其突破心防，而當庭俯首認罪。

交互詰問的順序，基本上是依據下列順序為之：

主詰問 ➡ 反詰問 ➡ 覆主詰問 ➡ 覆反詰問

交互詰問制度設計之主要目的，在辯明供述證據之真偽，以發見實體之真實，而由當事人一造聲請傳喚之證人、鑑定人，此造對於該證據最為關心及瞭解，自應先由該當事人、代理人或辯護人為主詰問，次由他造之當事人、代理人或辯護人反詰問，再由先前之一造當事人、代理人或辯護人為覆主詰問，再次由他造當事人等為覆反詰問，交叉為之以示公平，並有助訴訟程序之順利進行。

【誘導詰問】

　　詰問者對於證人暗示其所希望的回答內容，也就是「問話中含有答話」的詰問方式。當事人所傳喚的證人通常對其自身有利，若允許誘導詰問，證人可能會為了迎合主詰問者的意思，而做不實在的回答。

■主詰問

主詰問，應就待證事項及其相關事項行之。

為辯明證人、鑑定人陳述之證明力，得就必要之事項為主詰問。

誘導詰問：原則 X；例外 ○。

但下列情況可以為誘導詰問：

1. 未為實體事項之詰問前，有關證人、鑑定人之身分、學歷、經歷、與其交游所關之必要準備事項。

2. 當事人顯無爭執之事項。

3. 關於證人、鑑定人記憶不清之事項，為喚起其記憶所必要者。

4. 證人、鑑定人對詰問者顯示敵意或反感者。

5. 證人、鑑定人故為規避之事項。

6. 證人、鑑定人為與先前不符之陳述時，其先前之陳述。

7. 其他認有誘導詰問必要之特別情事者。

（刑訴 § 166-1）

■反詰問

簡單來說，就是輪流詰問證人。當他造問完話後，就輪到另外一造進行反詰問。

反詰問，應就主詰問所顯現之事項及其相關事項，或為辯明證人、鑑定人之陳述證明力所必要之事項行之。（刑訴 § 166-2 Ⅰ）

行反詰問於必要時，得為誘導詰問。（刑訴 § 166-2 Ⅱ）

視為主詰問：行反詰問時，就支持自己主張之新事項，經審判長許可，得為詰問。就該新事項的詰問視為主詰問。（刑訴 § 166-3）

■覆主詰問

簡單來說，就是第二回合，由雙方繼續詰問證人。只不過詢問的內容，必須與反詰問詢問過程中所產生的問題有關係。

覆主詰問，應就反詰問所顯現之事項及其相關事項行之。（刑訴§166-4Ⅰ）

行覆主詰問，依主詰問之方式為之。（刑訴§166-4Ⅱ）

視為主詰問：行覆主詰問時，就支持自己主張之新事項，經審判長許可，得為詰問。就該新事項的詰問視為主詰問。（刑訴§166-4Ⅲ準用166-3）

■覆反詰問

覆反詰問，應就辯明覆主詰問所顯現證據證明力必要之事項行之。（刑訴§166-5Ⅰ）

行覆反詰問，依反詰問之方式行之。（刑訴§166-5Ⅱ）

實務見解 誘導詰（詢）問

誘導詰問非屬法律明定之以恫嚇、侮辱、利誘、詐欺或其他不正方法之不正詰問方法，僅係於特定情況下，禁止誘導詰問而已，則與上開不正詰問方法相當之強暴、脅迫、利誘、詐欺、疲勞訊問等不正詢問方法，自難認包含誘導詢問在內（最高法院98年度台上字第865號判決同此意旨可供參考）；是以，即便如被告及辯護人所言於承辦員警正式進行警詢前曾就案情詢問被告，甚至提出不可能沒有攻擊被害人頭部之誘導性質疑，依據前揭說明，尚難認係以不正方法進行詢問，辯護人此部分主張，並非可採。

交互詰問制度設計之主要目的，在於使刑事被告得以盤詰、辯明證人現在與先前所爲供述證言之眞僞，以期發見實體眞實。就實質證據價値面之判斷而言，既無所謂「案重初供」原則，當亦無所謂其證據價値即當然比審判外未經交互詰問之陳述爲高之可言。良以證人所爲之供述證言，係由證人陳述其所親身經歷事實之內容，而證人均係於體驗事實後之一段期間，方於警詢或檢察官偵訊時爲陳述，更於其後之一段期間，始於審判中接受檢、辯或被告之詰問，受限於人之記憶能力及言語表達能力有限，本難期證人於警詢或檢察官偵訊時，能鉅細無遺完全供述呈現其所經歷之事實內容，更無從期待其於法院審理時，能一字不漏完全轉述先前所證述之內容。因此，詰問規則方容許遇有「關於證人記憶不清之事項，爲喚起其記憶所必要者」、「證人爲與先前不符之陳述時，其先前之陳述」之情形時，即使爲主詰問亦可實施誘導詰問（刑事訴訟法第166-1條第3項第3、6款參照），以喚起證人之記憶，並爲精確之言語表達。從而，經交互詰問後，於綜核證人歷次陳述之內容時（包括檢察官偵訊時之陳述、法院審理時之陳述，以及於容許警詢陳述作爲證據時之警詢內容），自應著重於證人對於待證事實主要內容之先後陳述有無重大歧異，藉此以判斷其證言之證明力高低，不得僅因證人所供述之部分內容不確定，或於交互詰問過程中，就同一問題之回答有先後更正或不一致之處；或證人先前證述之內容，與其於交互詰問時所證述之內容未完全一致，即全盤否認證人證言之眞實性。故證人之供述證言，前後雖稍有參差或互相矛盾，事實審法院非不可本於經驗法則，斟酌其他情形，作合理之比較，定其取捨（最高法院97年台上字第96號判決參照）。

14 證據保全

▶ 基本概念

證據有保全之必要者，告訴人、犯罪嫌疑人、被告或辯護人在偵查中，得聲請檢察官為搜索、扣押、鑑定、勘驗、訊問證人或其他必要之保全處分；第一審法院審判中，被告或辯護人認為證據有保全之必要者，得聲請法院或受命法官為保全證據處分；檢察官或自訴人於起訴後，第一次審判期日前，認有保全證據之必要者，亦同。（刑訴§219-1Ⅰ、219-4Ⅰ、Ⅱ）

▶ 向檢察官聲請證據保全

因證據保全均有一定時效或急迫性，檢察官受理聲請後，除認聲請為不合法或無理由予以駁回者外，應於5日內為保全之處分。為確保告訴人、犯罪嫌疑人及被告之訴訟權益，檢察官受理證據保全之聲請後駁回聲請或逾法定期間未為保全處分時，聲請人得直接向該管法院聲請保全證據，以尋求救濟。（刑訴§219-1Ⅱ、Ⅲ）

偵查程序之證據保全，往往具有緊急性，為求事權統一，並避免延誤，案件業經移送或報告檢察官偵辦者，宜向該管檢察官提出證據保全之聲請，應較為妥適。但案件仍在司法警察（官）調查中，未移送或報告檢察官偵辦者，則應向該司法警察（官）所屬警察機關所在地之地方法院檢察署檢察官聲請之。（刑訴§219-3）

▶ 向法院聲請保全證據

　　案件於第一審之第一次審判期日前，基於發現真實與保障被告防禦及答辯權，亦應賦予被告或辯護人向該管法院聲請保全證據之權利。若遇有急迫情形時，則許被告或辯護人得逕向受訊問人住居地或證物所在地之地方法院聲請之。檢察官、自訴人於審判程序同為當事人，檢察官於起訴後，就本案無逕行決定實施強制處分之權力，自訴人亦同，於有保全證據之必要時，於第一次審判期日前，自應容許其等向法院聲請之。（刑訴§219-4）

聲請保全證據書狀，應記載下列事項：

案情概要

應保全之證據及保全方法

依該證據應證之事實

應保全證據之理由

以下是偵查中的聲請狀範例：（遭檢方駁回或未於法定期間內為
保全處分）

刑事請求保全證據狀

案號：○○　　　　　股別：○○

聲請人：○○○　　　住居所：○○○○○○　　　（即告訴人、
犯罪嫌疑人、
被告或辯護
人）

請求保全證據事

一、聲請人○○○因×××案件，向○○檢察署以
　　○○年度○○字第○○號聲請保全○○證據，業經
　　○○檢察署駁回【○逾5日未為保全處分】，仍認
　　有保全上開證據之必要，依刑事訴訟法第219-1條
　　第3項，聲請保全證據。

二、請詳述下列事項：

　　㈠案情概要：○○○

　　㈡應保全之證據、保全方法：○○○

　　㈢依前開證據應證之事實：○○○

　　㈣保全之理由：○○○

此致

○○ 法院　公鑒

　　　　　　　　　　具狀人：○○○ 印

　　　　　　　　　　撰狀人：○○○ 印

中　華　民　國　○　○　年　○　○　月　○　○　日

以下為第一次審判期日前的聲請狀範例：

刑事請求保全證據聲請狀

案號：○○　　　　股別：○○
聲請人：○○○　　　住居所：○○○○○○

（即被告、辯護人或自訴人）

請求保全證據事

一、聲請人○○○因○○○案件，由貴院○○年度○○字第○○○號審判中，認有保全證據之必要，爰在第一次審判期日前，依刑事訴訟法第219-4條第1項被告或辯護人（或第2項自訴人）聲請保存證據。

二、請詳述下列事項：

　　㈠案情概要：○○○

　　㈡應保全之證據、保全方法：○○○

　　㈢依前開證據應證之事實：○○○

　　㈣保全之理由：○○○

此致
○○ 法院 公鑒

具狀人：○○○ 印
撰狀人：○○○ 印

中 華 民 國 ○ ○ 年 ○ ○ 月 ○ ○ 日

15 判決

判決可分為有罪判決（又可分為科刑與免刑判決）、無罪判決、免訴判決、不受理判決、管轄錯誤判決等五種。

● 有罪與無罪判決

其於無罪推定原則，不能證明被告犯罪或其行為不罰者，當然應該諭知無罪之判決。（刑訴§301Ⅰ）如果被告犯罪事證明確，應諭知科刑之判決。（刑訴§299Ⅰ本文）有時雖然有罪，但依據法律規定予以諭知免刑。（刑訴§299Ⅰ但書）其中若屬於刑法第61條輕微案件之免刑時，為免刑判決前，得斟酌情形經告訴人或自訴人同意，命被告為左列各款事項：1.向被害人道歉。2.立悔過書。3.向被害人支付相當數額之慰撫金。（刑訴§299Ⅱ）

● 免訴判決

是指起訴案件欠缺實體公訴權者，包括：1.曾經判決確定者。（一事不再理）2.時效已完成者。3.曾經大赦者。4.犯罪後之法律已廢止其刑罰者。（刑訴§302）

● 不受理判決

是指起訴案件欠缺形式上之公訴權者，如右頁所示包括：

1. 起訴之程序違背規定者。
2. 已經提起公訴或自訴之案件，在同一法院重行起訴者。
3. 告訴或請求乃論之罪，未經告訴、請求或其告訴、請求經撤回或已逾告訴期間者。
4. 曾為不起訴處分、撤回起訴或緩起訴期滿未經撤銷，而違背第260條之規定再行起訴者。
5. 被告死亡或為被告之法人已不存續者。
6. 對於被告無審判權者。
7. 依第8條之規定不得為審判者。（同一案件繫屬於有管轄權之數法院）（刑訴§303）

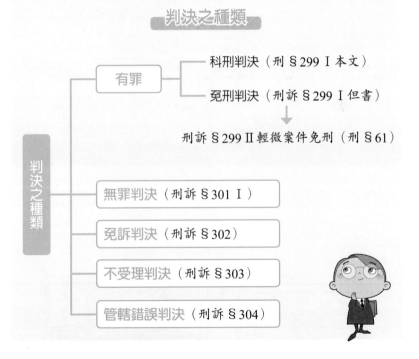

判決之種類

有罪 ── 科刑判決（刑§299 I 本文）
　　 ── 免刑判決（刑訴§299 I 但書）
　　　　　　　↓
刑訴§299 II 輕微案件免刑（刑§61）

判決之種類

無罪判決（刑訴§301 I）

免訴判決（刑訴§302）

不受理判決（刑訴§303）

管轄錯誤判決（刑訴§304）

▶ 管轄錯誤判決

無管轄權之案件，應諭知管轄錯誤之判決，並同時諭知移送於管轄法院。（刑訴§304）於自訴案件，非經自訴人聲明，毋庸移送案件於管轄法院。（刑訴§335）

實務見解 有罪之科刑判決的刑度如何？

則必須回歸到刑法的規定。例如殺人罪，則為死刑、無期徒刑、10年以上有期徒刑，但有些情況則可以加重減輕或免除其刑。如果可能的話，緩刑當然是比較好的選擇，次之則為易科罰金（易服社會服務、易服勞動、易以訓誡），除了罰金之外，主刑尚有死刑、無期徒刑、有期徒刑、拘役。

至於從刑之種類，其種類如下：

一、褫奪公權。（為公務員及公職候選人之資格）

二、沒收。（違禁物、供犯罪所用或犯罪預備之物、因犯罪所生或所得之物）

三、追徵、追繳或抵償。

（詳細內容參見本書第九篇執行程序之「刑的種類」）

第七篇
上訴與抗告

1 上訴與抗告

法院決定之方式	意　義	不服的方式
判決	針對案件的實質結果	上訴
裁定	針對訴訟過程的程序事項	抗告

▶ 判決與上訴

不服法院的判決嗎？如果你是被告，認為自己沒有罪時，法院卻判你有罪，你該怎麼辦呢？或者是覺得判刑過重，向高等法院提出上訴，希望判輕一點？

若對於下級法院的未確定判決聲明不服，可以請求上級法院撤銷或變更原判決，這個訴訟過程稱為「上訴」。如果判決已經確定，則不得上訴，只能在符合特定之要件下，依據再審或非常上訴提起救濟。

上訴的種類可以分成兩種：

第二審上訴	不服地方法院第一審判決的上訴
第三審上訴	不服高等法院第二審或第一審判決的上訴（內亂、外患、妨害國交罪第一審管轄權屬於高等法院）

法律大補丸　【高等法院為第一審管轄的案件】

　　一般而言，第一審的管轄通常是地方法院，但是有些特別的案件，第一審的管轄卻是高等法院，包括內亂罪、外患罪、妨害國交罪。這些案件因為牽涉到國家法益，案情較為重大，也希望能儘速審理，所以直接由高等法院為第一審管轄法院審理。（參考刑訴§4）

　　談到內亂罪、外患罪，還有一個特別值得注意的法律問題，例如憲法第52條：「總統除犯內亂或外患罪外，非經罷免或解職，不受刑事上之訴究。」有稱之為總統的刑事豁免權，然而比較精確的說法應該是「暫時性的刑事豁免權」。因為，大法官會議曾做出釋字第388號解釋，主要是說內亂、外患罪當然要立即辦，除此以外的犯罪，「僅發生暫時不能為刑事上訴追之問題」，並不是說不辦。

　　這並不是給總統個人的禮遇，而是總統這個位子、身分，因為總統職位代表全民的「面子」，如果因為總統竊盜、侵占等個人的行為被判刑下台，在全世界媒體的注目下，實在丟臉至極，故我國採取此種制度。其他也有許多國家不採取此種制度，所以常見許多總統貪污還是被辦下台。

【釋字第627號解釋】

一、釋字第388號解釋之延伸

本號解釋,除了重申釋字第388號的意旨,諸如憲法第52條之暫時性刑事豁免權,是針對總統職位所為之尊崇與保障,且僅是暫時性之程序障礙,並非實體上的免責權。

本號解釋再加以補充闡述,認為總統任職期間,就總統涉犯內亂或外患罪以外之罪者,暫時不得以總統為犯罪嫌疑人或被告而進行偵查、起訴與審判程序而言。但對總統身分之尊崇與職權之行使無直接關涉之措施,或對犯罪現場之即時勘察,不在此限。簡單來說,就是「等你下台再來辦」的概念,前總統陳水扁下台後,果真在國務機要費等案件纏訟於法院之中,且羈押多時。

二、他人刑事案件之偵查,與總統豁免權無關

假設他案之被告為前第一夫人吳淑珍,若有必要對於總統進行證據調查與證據保全,總統並不能以刑事豁免權加以對抗。但是這些程序的進行過程,如果發現總統也涉案,還是不能對總統進行刑事偵查,也不得限制總統之人身自由,例如拘提或對其身體之搜索、勘驗與鑑定等,亦不得妨礙總統職權之正常行使。看來隱匿證據最安全的地方,當屬「總統的口袋」。

三、總統還是有作證的義務

總統之刑事豁免權,亦不及於總統於他人刑事案件為證人之義務。惟以他人為被告之刑事程序,刑事偵查或審判機關以總統為證人時,應準用民事訴訟法第304條:「元首為證人者,應就其所在詢問之」的規定,以示對總統之尊崇。

▶ 裁定與抗告

不服判決叫做上訴，法院還有一種意思表示，稱之為裁定。判決主要是針對案件的實質結果，決定孰是孰非。裁定則是針對訴訟過程中的程序事項，例如法院有沒有管轄權、法官需不需要迴避、證人科罰鍰、羈押與否等，則是以裁定為之。

如果不服裁定的話，則叫做抗告。所以抗告是指不服法院尚未確定的裁定，請求上級法院撤銷或變更的救濟程序。

經典案件 記者高年憶拒絕透露消息來源案

民國95年間，臺北地院審理勁永公司股市禿鷹案，並傳喚記者高年憶出庭作證，但是高年憶拒絕透露消息來源，法院裁定科罰3萬，合議庭連續2天傳喚高年憶出庭作證，還是都拒絕透露，因此被裁罰3次，總共9萬。

高年憶不服，向臺灣高等法院提起抗告，高院將原法院的裁定撤銷，可是原法院仍維持裁定，還是罰3次共9萬元。高年憶再抗告，高院撤銷後兩次的裁罰，認為高年憶不能以新聞自由拒絕證言。

民國96年初，最高法院撤銷高院裁定，認為記者透露消息來源確實可能對記者造成重大損害，高院應調查高年憶有無拒絕證言的正當理由，再重作裁定。

看來新聞自由與證人作證的義務還有一場拔河拉鋸賽值得觀察。

2 上訴

◉ 上訴權人

　　當事人不服下級法院的判決，可以向上級法院提起上訴。（刑訴 §344 I）告訴人或被害人對於下級法院之判決有不服者，亦得具備理由，請求檢察官上訴（刑訴 §344 III）。

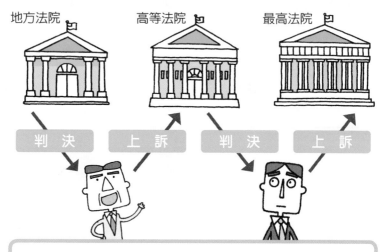

地方法院　　　高等法院　　　最高法院

判　決　　上　訴　　判　決　　上　訴

【通常程序之上訴】
　　當事人不服地方法院的判決，可以向高等法院提出上訴；當事人不服高等法院的判決，可以向最高法院提出上訴。

宣告死刑之案件，原審法院應不待上訴依職權逕送該管上級法院審判，並通知當事人。（刑訴§344Ⅴ）

除此之外，被告的法定代理人或配偶，也可以為被告的利益獨立提起上訴。（刑訴§345）

被告在原審的代理人或辯護人，也可以為被告的利益而上訴，但不得與被告明示的意思相反。（刑訴§346）

須注意的是，代理人或辯護人依法是以一個審級為範圍接受委託，而在原審接受委託的範圍，最多也只到這裡的「聲明上訴」，除非接下來的審級繼續委任，不然並沒有義務再為被告撰寫上訴理由狀或進行任何訴訟行為。（刑訴§344～346）

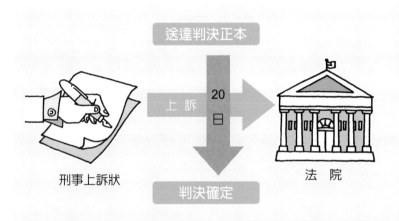

【上訴期間】

　　如果最後一天是假日的話，則再延一天。

　　判決宣示後，就算還沒有收到判決書，被告還是可以向法院提起上訴。

▶ 儘量直接向法院提出上訴

特別要注意，法院是以「收到」上訴狀的時間來判斷被告是否在法定期間內上訴，而不是以郵戳為憑。因此，為了避免上訴逾期，建議儘量直接到法院遞交上訴狀，如果是郵寄上訴狀，一定要提早以「雙掛號」的方式寄出，隔幾天聯絡原審法院書記官確認是否已經收到，並妥善保管掛號回執。

被告如果在監獄或看守所的話，只要在上訴期間內向監所長官提出上訴狀，就算法院還沒有收到，也視為已經在法定期間內上訴。依據刑事訴訟法第351條第1項規定：「在監獄或看守所之被告，於上訴期間內向監所長官提出上訴書狀者，視為上訴期間內之上訴。」

▶ 上訴法院會不會判更重？

如果提出上訴，上訴法院會不會判更重呢？

原則上，如果是被告上訴或為了被告的利益而上訴，第二審法院不得諭知較重於原審判決之刑，即所謂「不利益變更禁止」原則。所以，為被告利益提出上訴，應該不會被判處更重的刑罰。但是，如果原審判決發生「適用法條不當」的情況，而被第二審法院撤銷時，可以改判較重於原審判決之「刑」。(刑訴§370Ⅰ)

例如原審法院認為被告是基於義憤而殺人，成立刑法第273條第1項之義憤殺人罪；被告不服上訴，上級審法院被告只是因為私仇而憤怒，並非基於公理道義之理由，因此不構成「義憤」，應論以較重之刑法第271條第1項之殺人罪。

第370條第1項所稱「刑」，指宣告刑及數罪併罰所定應執行之刑。(刑訴§370Ⅱ) 第1項規定，於第一審或第二審數罪併罰之判決，一部上訴經撤銷後，另以裁定定其應執行之刑時，準用之。(刑訴§370Ⅲ)

實務案件 趙建銘台開內線交易案

受到高度關注的趙建銘台開內線交易案，一審法院認為屬於「權貴犯罪」，重判趙玉柱判刑8年4個月、趙建銘判刑6年。二審上訴後，高院還重判趙玉柱9年6個月，趙建銘7年有期徒刑，都比原本的一審刑期還要重。二審之所以會判的比一審還重，主要原因在於犯罪所得的認定不同，一審僅4百餘萬元，二審則為上億元，適用法條不同，因此予以重判。

> 二審會判的比一審還重，主要是犯罪的認定與法條的適用有所不同！

▶ 檢察官在上訴扮演之角色

檢察官也是訴訟當事人，對於下級法院之判決有不服者，當然也可以上訴於上級法院。（刑訴§344Ⅰ）此外，檢察官仍具有公益代表人之地位，上訴不以不利於被告者為限，即使為被告之利益，亦得上訴。（刑訴§344Ⅳ）

除此之外，檢察官負有協助自訴或擔當自訴的職責，故對於自訴案之判決，無論以被告不利益或利益，均得獨立上訴。（刑訴§347）且自訴人上訴者，非得檢察官之同意，不得撤回。（刑訴§356）

▶ 上訴不可分

上訴得對於判決之一部為之。（刑訴§348Ⅰ）

對於判決之一部上訴者，其有關係之部分，視為亦已上訴。但有關係之部分為無罪、免訴或不受理者，不在此限。（刑訴§348Ⅱ）

上訴得明示僅就判決之刑、沒收或保安處分一部為之。（刑訴§348Ⅲ）

▶ 刑事妥速審判法之重點

一、羈押的限制

審判中之延長羈押，如所犯最重本刑為死刑、無期徒刑或逾有期徒刑10年者，第一審、第二審以6次為限，第三審以1次為限。（速審§5Ⅱ）審判中之羈押期間，累計不得逾5年。（速審§5Ⅲ）此為刑事訴訟法第108條第5項之補充規定。

二、法院依職權或聲請應酌量減輕其刑

自第一審繫屬日起已逾8年未能判決確定之案件，除依法應諭知無罪判決者外，法院依職權或被告之聲請，審酌第7條各款事項（如右頁下），認侵害被告受迅速審判之權利，且情節重大，有予適當救濟之必要者，應減輕其刑。（速審§7）

三、限制檢察官不斷上訴

案件自第一審繫屬日起已逾6年且經最高法院第三次以上發回後，第二審法院更審維持第一審所為無罪判決，或其所為無罪之更審判決，如於更審前曾經同審級法院為二次以上無罪判決者，不得上訴於最高法院。（速審§8）除第8條情形外，第二審法院維持第一審所為無罪判決，提起上訴之理由，以下列事項為限：㈠判決所適用之法令牴觸憲法。㈡判決違背司法院解釋。㈢判決違背判例。（速審§9Ⅰ）

檢察官的無盡上訴！?

這個官司已經打了30年了，你乾脆一槍斃了我吧！

不把你定罪科刑，絕不善罷甘休！

【刑事妥速審判法第7條】

自第一審繫屬日起已逾8年未能判決確定之案件，除依法應諭知無罪判決者外，法院依職權或被告之聲請，審酌下列事項，認侵害被告受迅速審判之權利，且情節重大，有予適當救濟之必要者，應減輕其刑：

一、訴訟程序之延滯，是否係因被告之事由。

二、案件在法律及事實上之複雜程度與訴訟程序延滯之衡平關係。

三、其他與迅速審判有關之事項。

3 上訴第二審

除了認罪協商的案件外，通常程序中之上訴權人，不服地方法院的第一審判決，無論是被告或檢察官，都可以上訴到所管轄的高等法院，由3名法官組成合議庭，重新審核第一審判決是否正確。或在簡易程序中之上訴權人，不服地方法院獨任法官之第一審判決，上訴於第二審之地方法院合議庭。（刑訴§455-1Ⅰ、Ⅲ）

第二審法院為事實審，此外還有法律審的性質。不論是原審係事實認定之錯誤或法律適用之錯誤，均可上訴於第二審，也沒有限定上訴理由之必要，此即所謂的「覆審判」。換言之，只要是上訴權人有主觀上上訴之理由，都可以提出上訴，若客觀上沒有正確的上訴理由，只是為了上訴而上訴，這樣子的上訴也沒有什麼意義。

實務案例 陳致中洗錢案之上訴理由

例如陳致中洗錢案，一審遭判2年6個月徒刑，罰金1億5千萬元，陳致中上訴二審，也坦然認罪，並表示其主要是因為1億5千萬元罰金負擔太重，才會提出上訴。媳婦黃睿靚判處1年8個月，各罰金也是1億5千萬，緩刑5年，但要繳公庫2億元，也認為太重而提出上訴。

目前，我國共有臺灣高等法院及臺中、臺南、高雄、花蓮4個分院，以及外島的福建高等法院，基本資料與管轄範圍如右：

各高等法院基本資料與管轄範圍

臺灣高等法院
臺北市中正區重慶南路1段124號
02-23713261

管轄範圍
宜蘭、基隆、臺北、士林、
新北、桃園、新竹地方法院

臺灣高等法院臺中分院
臺中市南區五權南路99號
04-22600600

管轄範圍
臺中、彰化、南投、苗栗地
方法院

臺灣高等法院臺南分院
臺南市中西區中山路170號
06-2283101

管轄範圍
雲林、嘉義、臺南地方法院

臺灣高等法院高雄分院
高雄市鼓山區明誠三路586號
07-5523621

管轄範圍
高雄、屏東、澎湖地方法
院、高雄少年及家事法院

臺灣高等法院花蓮分院
花蓮市民權路127號
03-8225116

管轄範圍
花蓮、臺東地方法院

福建高等法院金門分院
金門縣金城鎮民權路178號
（082）321-564

連江巡迴法庭
連江縣南竿鄉馬祖村99-1號

管轄範圍
金門、連江地方法院

▶ 第二審上訴狀的寫法

■聲明上訴，理由另補

　　重大的教育貪瀆景文弊案，承辦檢察官劉承武逾期上訴，導致高院駁回上訴，維持前教育部長楊朝祥等17人無罪判決，而遭到民眾非議。據稱案件複雜，來不及撰寫上訴理由書。

　　當事人如遇類似情況該怎麼辦呢？

　　實際上，如果來不及想出上訴的理由，可以先聲明上訴，理由另補。（刑訴§361 III）這種上訴狀的寫法如下：

```
                  刑事聲明上訴狀

案號：○○年度訴字第○○○○○○號    股別：○股
聲請人：吳大毛    住址：臺北市凱達格蘭大道1號
（即自訴人或被告）        行動電話：0911-111111
送達代收人：            址設：
                       電話：

為聲明上訴事
上訴人不服臺灣臺北地方法院○○年度訴字第○○○○
○○○號判決，特於法定期間內依法提起上訴，除理由
另狀補陳外，謹先聲明如上。

此  致
臺灣臺北地方法院　轉送
臺灣高等法院　公鑒
證物名稱及件數：

                   具狀人：吳大毛  ［印］
                   撰狀人：○○○   ［印］
中　華　民　國　○○　年　○○　月　○○　日
```

寫下不服的判決法院與案號

須向原審法院提出，由原審法院轉送二審法院。請寫下原審法院與二審法院的名稱

至於上訴理由狀的部分，範本格式如下：

刑事上訴理由狀

案號：○○年度訴字第○○○○○○號　　股別：○股
聲請人：吳大毛　　　　住：臺北市凱達格蘭大道1號
　　　　　　　　　　　行動電話：0911-111111
送達代收人：　　　　　址設：
　　　　　　　　　　　電話：

為補敘上訴理由事
上訴人因不服臺灣臺北地方法院○○年度訴字第○○○
○○○○號判決，前已於法定期間內提起上訴在案，謹
補敘上訴理由如下：

一、○○○○○○。
二、○○○○○○。
三、○○○○○○。

此　　致
臺灣臺北地方法院　轉送
臺灣高等法院　公鑒
證物名稱及件數：

　　　　　　　　　　具狀人：吳大毛　［印］
　　　　　　　　　　撰狀人：○○○　［印］

中　華　民　國　○○　年　○○　月　○○　日

寫下不服的判決法院與案號

寫下對於原判決認定事實、適用法律或量刑不服的具體理由

如原審法院未通知相關卷證已送交二審法院，則仍向原審法院遞交。反之原審法院通知者，則逕送二審法院

■請求檢察官上訴

　　法院判決結果如何與檢察官預期相差甚多，通常都會提出上訴。若擔心檢察官不提出上訴，告訴人或被害人亦得具備理由，請求檢察官上訴。（刑訴§344Ⅲ）

刑事聲明上訴狀

案號：○○年度訴字第○○○○○○號　　　股別：○股

聲請人：吳大毛　　　　住址：臺北市凱達格蘭大道1號

　　　　　　　　　　　行動電話：0911-111111

送達代收人：　　　　　址設：

請求檢察官上訴事

一、被告吳大毛因強盜殺人案件，經貴署以○○年度○
　　字第○○○號提起公訴後，業經臺灣○○地方法院
　　判決○○○○○（96年度訴字第1000001號）。

二、聲請人對前述判決不服，理由如下：

　　㈠○○○○○。

　　㈡○○○○○。 ……………………… 寫下不服的理由

三、依刑事訴訟法第344條第3項，請求貴署檢察官上
　　訴。

此　　致

臺灣臺北地方法院檢察署　公鑒 …………… 寫下希望提起上訴的檢察機關

證物名稱及件數：

　　　　　　　　具狀人：吳大毛　[印]

　　　　　　　　撰狀人：○○○　[印]

中　華　民　國　○　○　年　○　○　月　○　○　日

■為被告利益獨立上訴

被告的法定代理人或配偶享有「獨立上訴權」。所謂獨立上訴權，是指要不要提出上訴，並不會受到被告的意思所拘束，即使被告捨棄上訴或撤回上訴也不會影響獨立上訴權的存在。（刑訴§345）

刑事獨立上訴狀

案號：○○年度訴字第○○○○○○號　　股別：○股

上訴人：吳大輝　　　住：臺北市凱達格蘭大道1號

（即被告之○○）　　行動電話：0911-111111

送達代收人：　　　　址設：

為被告吳大毛之利益獨立上訴

一、上訴人之○○吳大毛因強盜殺人案件，經臺灣臺北地方法院○○年度訴字第○○○○○○○號判決判處5年有期徒刑。上訴人為被告之利益，依刑事訴訟法第345條獨立提起上訴，請撤銷原判決，更為無罪之判決。

二、上訴理由如下：

　(一)○○○○○。

　(二)○○○○○。

此　　致

○○○○法院　轉送

○○○○法院　公鑒

證物名稱及件數：

　　　　　　　　　具狀人：吳大輝　[印]

　　　　　　　　　撰狀人：○○○　[印]

中　華　民　國　○○　年　○○　月　○○　日

> 寫下上訴人的身分，如被告之父（母、夫、妻）

> 寫下為誰提出的獨立上訴

> 寫下案件名稱

> 寫下判決的法院、字號，以及所科刑罰

> 寫下希望提起上訴的檢察機關

如果是被告，可能覺得自己遭到誤解、冤枉，也可以針對檢察官或自訴人主張的內容提出答辯。

刑事答辯狀

案號：○○　　　　　　　　　股別：○○
被告：○○○　　　　　　　　住居所：○○○○○○

為被訴○○○案件，提出答辯理由
一、被告涉嫌○○○案件，正由貴院以○○年度○○字第○○○
　　號審理中。因公自訴人所指被告犯罪情形與事實不符，謹提
　　出答辯如次，請貴院明察，以諭知無罪的判決。
二、被訴○○○部分的答辯：……。
三、被訴○○○部分的答辯：……。

此致
○○ 法院　公鑒

證物名稱及件數

　　　　　　　　　　　具狀人：○○○　　印
　　　　　　　　　　　撰狀人：○○○　　印

中　華　民　國　○　○　年　○　○　月　○　○　日

如果自己不會寫上訴理由書或答辯書，也可以提出聲請，由公設辯護人代為撰寫。

聲請代撰狀

案號：○○　　　　　　　　股別：○○
聲請人（即被告）：○○○　　住　居　所　：
○○○○○○

為請求代撰上訴理由書（答辯書）事
聲請人○○○因被訴○○○案件，經鈞院於○○年○月
○日判決，並於○○年○月○日經○○○（檢察官、自
訴人、聲請人）提起上訴。該案件曾指定鈞院公設辯護
人○○○為聲請人擔任辯護事宜。由於本件判決，有頗
多不當之處，聲請人因○○○○○○○，復無資力聘請律　　　　　陳明具體理由
師。為此依公設辯護人條例第17條規定，懇請體恤聲
請人情形，請求代撰上訴理由書（答辯書）。

此致
○○法院　公鑒

證物名稱及件數

　　　　　　　　　　具狀人：○○○　[印]
　　　　　　　　　　撰狀人：○○○　[印]

中　華　民　國　○○　年　○○　月　○○　日

刑事撤回上訴狀

案號：○○　　　　　　　　　股別：○○
上訴人：○○○　　　　　　　住居所：○○○○○○

請求撤回上訴事
上訴人曾於法定期間內對○○法院○○年度○○字第○○○號判決提起上訴，該案正由貴院審理中（○○年度○○字第○○○號），尚未判決。因○○○（可簡單敘明理由）不求上訴審裁判，謹依刑事訴訟法第354條撤回上訴。

此致
○○ 法院　公鑒

證物名稱及件數

具狀人：○○○　[印]
撰狀人：○○○　[印]

中　華　民　國　○　○　年　○　○　月　○　○　日

如果對於法院的判決不想要上訴，也可以寫聲明捨棄上訴狀。

刑事聲明捨棄上訴狀

案號：○○　　　　　　　股別：○○
聲請人（即被告或自訴人）：○○○
住居所：○○○○○○

聲明捨棄上訴事
聲明人被訴（自訴被告○○○）○○案件，業經　貴院於○○年
○月○日宣判（○○年度○○字第○○○號）。聲明人於○○年
○月○日收受判決書，對其認事用法折服，依刑事訴訟法第353
條規定，聲明捨棄上訴權。

此致
○○法院　公鑒

證物名稱及件數

　　　　　　　　　　　　具狀人：○○○　印
　　　　　　　　　　　　撰狀人：○○○　印

中　華　民　國　○　○　年　○　○　月　○　○　日

4 上訴第三審

不服高等法院所為的第二審或第一審判決，應向最高法院提起上訴。（刑訴§375 I）我國只有一個最高法院（址設臺北市長沙街一段6號），因原則上不開庭進行言詞辯論，所以還不至於讓住在臺北市以外的人會有舟車勞累的問題。

> 最高法院
> 地址：臺北市長沙街一段6號　　電話：02-23141160

一、以輕微案件為限制

為求訴訟經濟與迅速結案，以達到減輕第三審法院負擔之目的，對於輕微案件並不得上訴第三審。亦即對於下列案件，經二審判決即告確定。

> 不得上訴第三審的案件
> ● 最重本刑為3年以下有期徒刑、拘役或專科罰金之罪。
> ● 刑法第320條、第321條之竊盜罪。
> ● 刑法第335條、第336條第2項之侵占罪。
> ● 刑法第339條、第341條之詐欺罪。
> ● 刑法第342條之背信罪。
> ● 刑法第346條之恐嚇罪。
> ● 刑法第349條第1項之贓物罪　　　　　　　　　（刑訴§376）

二、以上訴理由為限制

上訴第三審的理由

上訴到第三審法院，必須以原審判決違背法令為理由。（刑訴§377）判決不適用法則或適用不當者，為違背法令。（刑訴§378）有下列情形時，其判決「當然違背法令」：

⑴法院之組織不合法者。

⑵依法律或裁判應迴避之法官參與審判者。

⑶禁止審判公開非依法律之規定者。

⑷法院所認管轄之有無係不當者。

⑸法院受理訴訟或不受理訴訟係不當者。

⑹除有特別規定外，被告未於審判期日到庭而逕行審判者。

⑺依本法應用辯護人之案件或已經指定辯護人之案件，辯護人未經到庭辯護而逕行審判者。

⑻除有特別規定外，未經檢察官或自訴人到庭陳述而為審判者。

⑼依本法應停止或更新審判而未經停止或更新者。

⑽依本法於審判期日調查之證據而未予調查者。

⑾未與被告以最後陳述之機會者。

⑿除本法有特別規定外，已受請求之事項未予判決，或未受請求之事項予以判決者。

⒀未經參與審理之法官參與判決者。

⒁判決不載理由或所載理由矛盾者。

原審法院只是訴訟程序違背法令，對於案件沒有影響的話，就不可作為第三審上訴理由。（刑訴§380）

例如再次傳喚已到庭作證過的證人，原審法院當庭告知事證明確，無再傳必要，但並沒有將此理由記載在判決中，雖然違反刑訴法第310條第2款關於有罪判決書理由中，「對於被告有利之證據不採納者，其理由」之應記載事項規定，也只是訴訟程序違背法令而已。

◉ 上訴第三審的程序

上訴第三審，應向原審法院提出上訴狀，並且應在上訴狀中敘述上訴理由，否則應該在上訴後20天內補提理由書給原審法院，逾期仍未補提的話，原審法院不會通知補提，直接將相關卷證送交第三審法院，但第三審法院如發現上情，則可立即判決駁回上訴（刑訴§382、395）。

但20天內詳附理由上訴，有時候的確是強人所難，這時候可以把這20天跟上訴期間的20天相互搭配，爭取更多撰寫上訴狀的時間。

此外，在第三審法院還未判決前，上訴人隨時都可以追加上訴理由，但千萬不要因此就以為可以在上訴時只草率寫個理由，日後再慢慢補狀，不然哪天法院突然給你駁回上訴，想補都來不及了！

■小心粗心的律師忘記上訴！

上訴，是一種讓自己官司有翻盤的機會，所以無論是第一、二審，如果對於判決結果不服，必須在上訴期間內向第二、三審提出上訴，否則案件就會確定。有時候會聽到律師忘記上訴，要記得一定要盯緊律師，否則事後只能向律師求償，說不定律師還不認帳！

■需要委任律師嗎？

現行的刑事訴訟法並沒有規定上訴第三審要委任律師，所以也可以不聘請律師上訴。但是第三審主要是法律審，而非像第一、二審主要是針對事實加以審理。如果不是法律背景出身的當事人，恐怕難以說服最高法院相信原審判決有違背法令之處。本書仍然建議找個律師代撰，會比較妥當。

原則上第三審法院不進行言詞辯論，若第三審法院認為要開庭進行言詞辯論的必要，上訴人就必須委任律師為代理人或辯護人。（刑訴§389Ⅱ）

5 抗告

被告不服法院的裁定時，除法律規定不得抗告外，可以在裁定宣告後，到收到裁定正本的次日起5天內，向原審法院提出抗告狀轉呈給直接上級法院，並敘明抗告的理由。（刑訴§403、406）

抗告，是指抗告權人對於法院尚未確定之中間裁定，表示不服而請求上級法院撤銷或變更之救濟程序。再抗告，是指抗告權人提出抗告後，法院對此抗告做出裁定，對此裁定仍然表示不服，可以再向其上級法院請求撤銷或變更之。抗告，是對於法院之裁定，與上訴是針對法院之判決不服而為之訴訟行為，兩者有所不同。但是，因為兩者有類似之處，因此依據刑事訴訟法第419條規定：「抗告，除本章有特別規定外，準用第三編第一章關於上訴之規定。」

▶ 抗告的限制

法律規定不得抗告的情形，包括：

一、法院判決前關於管轄或訴訟程序的裁定

但㈠有得抗告之明文，或㈡關於羈押、具保、責付、限制住居、限制出境、限制出海、搜索、扣押或扣押物發還、變價、擔保金、身體檢查、通訊監察、因鑑定將被告送入醫院或其他處所之裁定，及依第105條第3項、第4項對羈押中被告所為的禁止或扣押裁定等情況，㈢對於限制辯護人與被告接見或互通書信之裁定，仍得加以抗告。（刑訴§404Ⅰ）

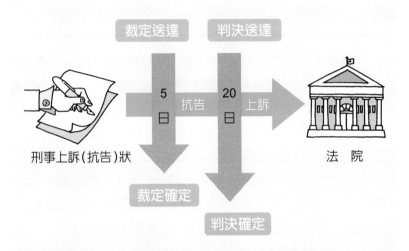

抗告與上訴期間的比較

裁定送達　　判決送達

刑事上訴(抗告)狀　　5日　抗告　20日　上訴　　法　院

裁定確定

判決確定

抗告限制

- 法院判決前關於管轄或訴訟程序的裁定。(刑訴§404Ⅰ本文)

- 不得上訴於第三審的案件,其第二審所為之裁定。(刑訴§405)

- 法院就第416條之聲請所為之裁定。(刑訴§417)

- 附帶民事訴訟,移送民事庭審判的裁定。(刑訴§511Ⅱ)

- **審判中法院所為停止羈押之裁定，檢察官得否提起抗告？**

依據釋字第665號解釋，檢察官對於審判中法院所為停止羈押之裁定是否得提起抗告，乃刑事訴訟制度之一環，立法機關自得衡量相關因素，以法律為合理之規定。

羈押之強制處分屬於法官保留事項，刑事訴訟法第403條第1項規定：「當事人對於法院之裁定有不服者，除有特別規定外，得抗告於直接上級法院。」第404條規定：「對於判決前關於管轄或訴訟程序之裁定，不得抗告。但下列裁定，不在此限：⋯⋯二、關於羈押、具保、責付、限制住居、搜索、扣押或扣押物發還、因鑑定將被告送入醫院或其他處所之裁定及依第105條第3項、第4項所為之禁止或扣押之裁定。」又第3條規定：「本法稱當事人者，謂檢察官、自訴人及被告。」是依上開法律規定，檢察官對於審判中法院所為停止羈押之裁定自得提起抗告。（註：此解釋內容引用的是舊條文）

檢察官依上開規定對於審判中法院所為停止羈押之裁定提起抗告，並未妨礙被告在審判中平等獲得資訊之權利及防禦權之行使，自無違於武器平等原則；且法院就該抗告，應依據法律獨立公平審判，不生侵害權力分立原則之問題。是刑事訴訟法第403條第1項關於檢察官對於審判中法院所為停止羈押之裁定得提起抗告之規定部分，乃立法機關衡量刑事訴訟制度，以法律所為合理之規定，核與憲法第16條保障人民受公平審判之意旨並無不符。

檢察官針對法官羈押提起抗告

法官：我認為阿扁沒有羈押的必要性，決定將其當庭釋放。

檢察官：阿扁不但有逃亡之虞，更可能有串供之實，當然有羈押的必要，我會向高院提出抗告。

當事人：這是法官的羈押，檢察官怎麼可以提起抗告？

檢察官：當然可以，依據刑事訴訟法第3條規定，檢察官也是當事人。

抗告不停止執行

　　抗告並無停止執行裁判的效力，但原審法院對於抗告法院做出裁定前，仍然可以自行斟酌，裁定停止執行。（刑訴§409Ⅰ）

　　抗告法院亦可先行做出停止執行的裁定。因此，被告還是可以在抗告狀中，附帶理由聲請法院停止執行裁判。（刑訴§409Ⅱ）

二、不得上訴於第三審法院的案件，其第二審法院所為裁定

如果是第三審法院的裁定，因為第三審也是終審法院，其所為的裁定，當然也不能抗告。（刑訴§405）

三、法院就第416條之聲請所為之裁定

又稱之為準抗告，因為是對於法官或檢察官所為之處分不服，並不是針對裁定不服，所以是準用抗告程序，但是不得提起再抗告。得聲請準抗告的處分有兩種：（準抗告之書狀範例，本書第270頁）

1. 關於羈押、具保、責付、限制住居、限制出境、限制出海、搜索、扣押或扣押物發還、因鑑定將被告送入醫院或其他處所之處分、身體檢查、通訊監察及第105條第3項、第4項所為之禁止或扣押之處分。
2. 對於證人、鑑定人或通譯科罰鍰之處分。
3. 對於限制辯護人與被告接見或互通書信之處分。
4. 對於第34條第3項指定之處分。（指定辯護人與偵查中受拘提或逮捕之被告或犯罪嫌疑人即時得為接見之時間或場所）

四、附帶民事訴訟，移送民事庭審判的裁定。（刑訴§511Ⅱ）

▶ 抗告狀怎麼寫

以下是抗告狀的範例：

刑事抗告狀

案號：　　　　　　　股別：

抗告人：吳大毛　　　住址：臺北市凱達格蘭大道1號

　　　　　　　　　　行動電話：0911-111111

送達代收人：　　　　址設：

　　　　　　　　　　電話：

為不服臺灣○○法院○○年度○字第○○○號裁定，提起抗告

一、臺灣○○○○法院○○年度○字第○○○號裁定，

　　○○○○○○。抗告人於○○年○月○日收受裁定 　〔寫明裁定的內容〕

　　正本，不服該裁定，特於法定期間內提起抗告，請

　　撤銷原裁定，更為適當的裁定。

二、抗告理由如下：

　　(一)○○○○○○。 　〔寫下抗告的理由〕

　　(二)○○○○○○。

此　　致

○○○○○○法院　轉送 　〔寫下原裁定法院〕

○○○○法院　公鑒 　〔寫下直接上級法院〕

證物名稱及件數：

證物名稱及件數：

具狀人：吳大毛　[印]

撰狀人：○○○　[印]

中　華　民　國　○○　年　○○　月　○○　日

由於抗告期間只有5天，若來不及撰寫理由，可以先聲明抗告，
理由後補，寫法參考如下：

刑事聲明抗告狀

案號：　　　　　　　　股別：
抗告人：吳大毛　　　　住：臺北市凱達格蘭大道1號
　　　　　　　　　　　行動電話：0911-111111
送達代收人：　　　　　址設：
　　　　　　　　　　　電話：

為聲明抗告事
抗告人不服臺灣○○○○法院○○年度○字第○○○號
裁定，特於法定期間內提起抗告，除理由書另狀補陳　　　　寫下不服裁定
外，謹先聲明如上。　　　　　　　　　　　　　　　　　　的法院名稱與
　　　　　　　　　　　　　　　　　　　　　　　　　　　裁定

此　　致
○○○○法院　公鑒
證物名稱及件數：

　　　　　　　　　　　　具狀人：吳大毛　印
　　　　　　　　　　　　撰狀人：○○○　　印

中　華　民　國　○　○　年　○　○　月　○　○　日

寫下聲明抗告狀後，接著就要遞送抗告理由狀，其格式如下：

刑事抗告理由狀

案號：　　　　　　股別：

抗告人：吳大毛　　　住：臺北市凱達格蘭大道1號

　　　　　　　　　　行動電話：0911-111111

送達代收人：　　　　址設：

　　　　　　　　　　電話：

為補敘抗告事由事

一、抗告人不服臺灣〇〇〇〇法院〇〇年度〇字第〇〇
　　〇號裁定，業於法定期間內聲明抗告在案，謹補敘
　　抗告理由如下：
　　（一）〇〇〇〇〇〇。
　　（二）〇〇〇〇〇〇。
二、請撤銷原裁定，更為適當之裁定。

此　　致

〇〇〇〇法院　公鑒

證物名稱及件數：

　　　　　　　　具狀人：吳大毛　[印]
　　　　　　　　撰狀人：〇〇〇　[印]

中　華　民　國　〇　〇　年　〇　〇　月　〇　〇　日

寫下不服裁定的法院名稱與裁定

寫下抗告的理由

前曾提到「準抗告狀」，是不服審判長、受命法官、受託法官所為之處分，聲請所屬法院撤銷或變更的救濟程序，該如何撰寫準抗告狀，參考格式如下：

刑事準抗告狀

案號：　　　　　　　股別：

聲請人：吳大毛　　　住：臺北市凱達格蘭大道1號

　　　　　　　　　　行動電話：0911-111111

送達代收人：　　　　址設：

　　　　　　　　　　電話：

聲請撤銷（或變更）審判長所為之處分

一、聲請人不服貴院審判長○○○承辦○○年度○○字
　　第○○號案件時，○○年○○月○○日所為○○○
　　處分。特於法定期間內，依刑事訴訟法第416條第
　　1項，聲請貴院撤銷（或變更）之，理由如下：

二、聲請人不服前揭處分的理由如下：

　　㈠○○○○○○。

　　㈡○○○○○○。

此　　致

○○○○法院　公鑒

證物名稱及件數：

　　　　　　　　　　具狀人：吳大毛　［印］

　　　　　　　　　　撰狀人：○○○　［印］

中　華　民　國　○　○　年　○　○　月　○　○　日

如果是變更，則將撤銷二字改為變更

若是受命法官或檢察官所為的處分，則將審判長三字修改為受命法官或檢察官

寫下審判長、受命法官或檢察官的職稱與姓名

寫下處分的內容

寫下抗告的理由

▶可以再抗告嗎？

　　對於抗告法院的裁定，原則上不得再行抗告，但對於下列抗告所為的裁定，被告或其他受裁定之人還可以提「再抗告」：（刑訴§415Ⅰ）

1. 對於駁回上訴之裁定抗告者。
2. 對於因上訴逾期聲請回復原狀之裁定抗告者。
3. 對於聲請再審之裁定抗告者。
4. 對於第477條定刑之裁定抗告者。
5. 對於第486條聲明疑義或異議之裁定抗告者。
6. 證人、鑑定人、通譯及其他非當事人對於所受之裁定抗告者。

1

再審與非常上訴

▶ 確定判決後的救濟

　　法院審判，是人在做神的工作，但人畢竟不是神，難免還是會有誤判，所以刑事訴訟創造了上訴制度，讓被告可以藉此獲得平反。然後，即使是最終的確定判決，也難保就一定正確。因此，刑事訴訟法另外設計再審與非常上訴兩個特別的救濟程序，使被告或檢察官等人在判決確定後，仍然有機會重掀舊案來發現真相與正義。

　　譬如眾所矚目的蘇建和案，歷經3次再審、4次非常上訴後，終於獲致1次無罪判決，最後，民國101年8月31日，高等法院仍判決被告蘇建和等三人無罪。依刑事妥速審判法第8條規定，不能再上訴，本案定讞。

■再審——更正事實上的錯誤

　　再審，對於已經確定之判決，以認定事實不當為理由，請求原審法院重為審判，而撤銷或變更原判決的救濟程序。

■非常上訴——修正法律適用上的錯誤

　　非常上訴，是對於確定的判決，以審判違背法令為理由，由最高檢察署之檢察總長請求最高法院糾正原判決之救濟程序。

實務案例　到底有沒有捐款？

　　姜男因酒駕肇事，為免牢獄之災遂與檢察官協商，同意捐款以換取緩起訴的處分。姜男依約捐款後未向檢察官回報，檢察官多次傳喚姜某，姜某均未出庭，也查不出有捐款紀錄，所以撤銷緩起訴，向臺東地方法院聲請簡易判決，遭判處拘役55天。

　　檢方事後發現姜男實際上有捐款，主動提起非常上訴，最高法院以姜男已履約，依法不得撤銷緩起訴處分，而裁定公訴不受理，也撤銷臺東地院的判決。（參見刑訴§253-3）

看電影讀法律：刺激1995

　　刺激1995，影片原名是The Shawshank Redemption。

　　片中主角銀行家安迪，被指控殺妻而遭判無期徒刑確定，關進鯊堡監獄。在監獄服刑期間，憑著本身的金融知識在獄中幫獄官報稅，甚至幫典獄長洗錢，並且建立一座新英格蘭地區藏書最為豐富的監獄圖書館，幫獄友通過考試。

　　經過多年獄中生活，偶然的機會下，間接聽到某名獄友自稱才是真正的殺人兇手，向典獄長求助，希望這項新事證能為他洗刷冤屈。男主角安迪就是希望透過「再審」之程序重啟審判，還其清白。然而，典獄長為了讓安迪繼續為其洗錢，遂設計將該名真兇遇害身亡，安迪只好選擇逃獄離開這一切。

2 再審

時　　機：有罪判決確定後

理　　由：確定判決所依據的事證出現問題

聲請時期：刑訴 § 423、424

▶ 為發現最後真實的非常制度——再審

案件經法院判決確定後，如果發現有足以動搖該判決的事實證據，被告可以為了維護自己的正當權益向原審法院聲請再審。

▶ 誰可以聲請再審？

除了受判決人本人外，該管法院的檢察官，以及受判決人的法定代理人或配偶，都可以為被告的利益聲請再審。如果受判決人已經死亡，其配偶、直系血親、三親等內的旁系血親、二親等內的姻親或家長、家屬，也可以為死去的受判決人聲請再審。（刑訴 § 427）

▶ 聲請再審的時機

■刑事訴訟法第420條所列之情形

沒有限制，甚至在刑罰已經執行完畢後，或已不受執行時（譬如在假釋或緩刑期間），都可以聲請再審。

■刑事訴訟法第421條所列之情形

應該在送達判決後20天內聲請再審。（刑訴§424）

▶ 聲請再審的事由（為受判決人之利益）

被告受有罪判決確定後，如發現下列情形，就可以聲請再審：（刑訴§420Ⅰ）

> 1. 原判決所憑之證物已證明其為偽造或變造者。
>
> 2. 原判決所憑之證言、鑑定或通譯已證明其為虛偽者。
>
> 3. 受有罪判決之人，已證明其係被誣告者。
>
> 4. 原判決所憑之通常法院或特別法院之裁判，已經確定裁判變更者。
>
> 5. 參與原判決或前審判決或判決前所行調查之法官，或參與偵查或起訴之檢察官，或參與調查犯罪之檢察事務官、司法警察官或司法警察，因該案件犯職務上之罪已經證明者，或因該案件違法失職已受懲戒處分，足以影響原判決者。
>
> 6. 因發現新事實或新證據，單獨或與先前之證據綜合判斷，足認受有罪判決之人應受無罪、免訴、免刑或輕於原判決所認罪名之判決者。

但要注意，以上第1款到第3款及第5款情形的證明，以經判決確定，或其刑事訴訟不能開始或續行非因證據不足者為限，才能聲請再審。（刑訴§420Ⅱ）第1項第6款之新事實或新證據，指判決確定前已存在或成立而未及調查斟酌，及判決確定後始存在或成立之事實、證據。（刑訴§420Ⅲ）

此外，不得上訴於第三審法院之案件，除以上規定的事由外，其經第二審判決確定有罪後，如就足生影響於判決的重要證據漏未審酌者，也可以為被告的利益，聲請再審。（刑訴§421）

▶ 為受判決人之不利益聲請再審

有罪、無罪、免訴或不受理之判決確定後，有左列情形之一者，為受判決人之不利益，得聲請再審：（刑訴§422）

一、有第420條第1款、第2款、第4款或第5款之情形者。

二、受無罪或輕於相當之刑之判決，而於訴訟上或訴訟外自白，或發見確實之新證據，足認其有應受有罪或重刑判決之犯罪事實者。

三、受免訴或不受理之判決，而於訴訟上或訴訟外自述，或發見確實之新證據，足認其並無免訴或不受理之原因者。

實務案例 被害人死亡之再審

屏東縣38歲鄭姓男子在民國99年借劉姓友人80塊錢買酒，鄭某花光後，又向劉某要錢未果，兩人發生口角，鄭某遂拿出隨身攜帶的鐵鎚揮擊劉某頭部2次，造成重傷，檢方依殺人未遂罪起訴。

一審判決時，劉某尚未死亡，法官判處有期徒刑8年。判決後，檢察官後來發現劉不治死亡，聲請再審，民國103年1月，屏東地方法院依殺人罪，改判處鄭男有期徒刑13年。（受無罪或輕於相當之刑之判決，發見確實之新證據，足認其有應受有罪或重刑判決之犯罪事實者。）

▶ 聲請再審的管轄法院

- 原則：由判決的原審法院管轄（刑訴§426 Ⅰ）
- 對判決的一部分曾經上訴，一部分未上訴，但對於各部分都聲請再審：

  如果第二審法院就上訴審確定的部分已經為開始再審的裁定，被告對於在第一審確定的部分聲請再審，亦應由第二審法院管轄。（刑訴§426 Ⅱ）
- 對第三審確定判決聲請再審：

  除以第三審法院的法官有刑事訴訟法第420條第1項第5款「因該案件犯職務上之罪已經證明者，或因該案件違法失職已受懲戒處分，足以影響原判決」的事由外，應由第二審法院管轄。（刑訴§426 Ⅲ）

▶ 聲請再審的程序

聲請再審，應該向管轄法院提出再審書狀，並敘述理由，附具原判決之繕本及證據。（刑訴§429）如果是發現確實之新證據，其範本如下頁所示：

刑事聲請再審狀

案號：　　　　　　　　　　股別：

聲請人：吳大毛　　　　　　住址：

　　　　　　　　　　　　　行動電話：

送達代收人：　　　　　　　址設：

　　　　　　　　　　　　　電話：

因發現確實之新證據，聲請再審事

一、按有罪之判決確定後，發現確實之新證據，足認受
　　有罪判決之人應受無罪、免訴、免刑或輕於原判決
　　所認罪名之判決者，為受判決人之利益，依刑事訴
　　訟法第420條第1項第6款之規定，得聲請再審。

二、聲請人因○○○○案件，經臺灣○○○○法院○○
　　年度○○字第○○○號判決判處確定。該確定判決
　　認定聲請人犯罪，是根據○○○○。但是○○○○
　　等情，有○○○○○○可資證明，足認聲請人應受無
　　罪之判決。

三、聲請人因未發現前開證據，致未主張該有利於己之
　　情事，始被判處罪刑確定。為此，依法聲請再審，
　　請貴院明察，裁定准予開始再審。

此　　致

○○○○法院　公鑒

證物名稱及件數：

　　　　　　　　　　　　　具狀人：吳大毛　[印]

　　　　　　　　　　　　　撰狀人：○○○　[印]

中　華　民　國　○○　年　○○　月　○○　日

寫明判決所憑之證據

說明所發現之新事實

寫明所發現之新證據

如果是因為重要證據漏未審酌，則參考範例如下：

刑事聲請再審狀

案號：　　　　　　　　股別：
聲請人：吳大毛　　　　　住址：
　　　　　　　　　　　　行動電話：
送達代收人：　　　　　　址設：
　　　　　　　　　　　　電話：

因重要證據漏未審酌，聲請再審事

一、按不得上訴於第三審法院之案件，經第二審確定之
　　有罪判決，如就足生影響於判決之重要證據漏未審
　　酌者，依刑事訴訟法第421條之規定，得為受判決
　　人之利益聲請再審。

二、聲請人因○○○○案件，經臺灣○○○○法院○○
　　年度○○字第○○○號判決判處確定。該確定判決
　　認定聲請人犯罪，是根據○○○○。但是○○○○
　　等情，足生影響於原判決。

> 寫明判決所憑之證據

> 寫明原判決所漏未審酌之證據及其所能證明之事實

三、原判決對前揭重要證據漏未審酌，聲請人為此依法
　　聲請再審，請貴院明察，裁定准予開始再審。

此　　致
○○○○法院　公鑒
證物名稱及件數：

　　　　　　　　　　　具狀人：吳大毛　[印]
　　　　　　　　　　　撰狀人：○○○　[印]

中　華　民　國　○○　年　○○　月　○○　日

▶ 聲請再審後，我是不是可以先不用被關？

錯！聲請再審並沒有停止刑罰執行的效力。

雖然管轄法院的檢察官在法院就再審聲請做出裁定前，可以命停止執行，但這裁量權在檢察官，絕對不是被告說停就停的！（刑訴§430）

▶ 法院對再審聲請的處置

聲請再審程序違背規定	裁定駁回，但其不合法律上之程式可以補正者，應定期間先命補正。（刑訴§433）
無再審理由	裁定駁回（刑訴§434Ⅰ）
有再審理由	裁定開始再審，並得以裁定停止對被告執行刑罰（刑訴§435Ⅰ、Ⅱ）

為被告的利益而開始再審的裁定確定後，法院就會依該審級的通常程序，重新開始審判，如果仍然認為應該諭知有罪的判決，其所判的刑度也不會比原判決所諭知的刑重。（刑訴§439）

如果是諭知無罪的判決，法院還會將該判決書刊登在公報或其他報紙上。（刑訴§440）

聲請再審並沒有停止
刑罰執行的效力哦。

3 非常上訴

▶ 什麼是非常上訴？

判決確定後，被告如果發現該案件的審判有違背法令的地方，可以聲請最高法院檢察署檢察總長向最高法院提起非常上訴。因此，非常上訴不同於再審，屬於「法律審」，而且，還必須向檢察總長聲請核准後，透過檢察總長向最高法院提起，並非被告想提起就能提起的！

非常上訴的主要目的，在於統一解釋法令，達成法令適用一致性之目的。因此，只要法律見解發生錯誤，就應該提起非常上訴，至於對於被告有利或不利，則在所不問。

■非常上訴之提起權人

非常上訴的提起權人，專屬於最高法院檢察署之檢察總長。依據刑事訴訟法第441條規定：「判決確定後，發見該案件之審判係違背法令者，最高法院檢察署檢察總長得向最高法院提起非常上訴。」

■書面審理為原則

非常上訴之判決，不經言詞辯論為之。（刑訴§444）亦即非常上訴以書面審理為原則，即便認為有必要，也不能進行言詞辯論，與

第三審法院之審理，有必要時，得命辯論，（刑訴§389Ⅰ）兩者有所不同。

▶ 非常上訴的理由

非常上訴的理由，必須是發現該案件確定判決的審判「違背法令」，被告向檢察總長聲請為其提起非常上訴時，就需要詳附理由說明。然而，此看似與上訴第三審的理由相同，但司法實務上，卻常把違背證據法則的情形，認為僅屬於再審的理由，並且將刑事訴訟法第379條所列當然違背法令的情形，認為只有下列情形屬於判決違背法令，可以直接以此為由提起非常上訴：

- 法院所認管轄之有無係不當者（刑訴§379④）。
- 法院受理訴訟或不受理訴訟係不當者（刑訴§379⑤）。
- 依本法應於審判期日調查之證據而未予調查者（刑訴§379⑩）。
- 除本法有特別規定外，已受請求之事項未予判決，或未受請求之事項予以判決者（刑訴§379⑫）。
- 判決所載理由矛盾者（刑訴§379⑭後段）。

至於刑事訴訟法第379條其他違背法令的情形，司法實務上則認為僅是「訴訟程序」違背法令而已，必須另外主張該違背法令足以影響判決結果，才能提起非常上訴。

● 聲請檢察總長提起非常上訴範本

聲請檢察總長提起非常上訴的範本：

聲請非常上訴狀

案號：　　　　　　　股別：

聲請人：吳大毛　　　住址：臺北市凱達格蘭大道1號

　　　　　　　　　　行動電話：0911-111111

送達代收人：　　　　址設：

　　　　　　　　　　電話：

一、被告○○○因○○○○案件，經臺灣○○○○法院
　　○○年度○○字第○○號判決判處確定。因該案確
　　定判決違背法令，謹具理由，依刑事訴訟法第441
　　條聲請提起非常上訴，以資救濟。

二、理由如下：

　　㈠○○○○○○。

　　㈡○○○○○○。

附件：○○○○○○法院○○年度○○字第○○號確定
判決影本。

謹　　狀
最高法院檢察署

　　　　　　　　　　具狀人：吳大毛　　[印]

　　　　　　　　　　撰狀人：○○○　　[印]

中　華　民　國　○○　年　○○　月　○○　日

寫下被告姓名及案件名稱

寫下判決確定的法院名稱及案號

寫下非常上訴之理由

▶ 法院審理非常上訴的流程

　　最高法院檢察總長核准被告非常上訴的聲請後，會以非常上訴書敘述理由向最高法院提起非常上訴，而最高法院也僅會在檢察總長所提非常上訴理由範圍內進行調查，並依調查結果做出下列的判決：

上訴無理由	判決駁回
上訴有理由	① 原判決違背法令者，將違背之部分撤銷，但原判決不利於被告者，應就該案件另行判決，其效力並及於被告。如是誤認為無審判權而不受理，或其他有維持被告審級利益之必要者，得將原判決撤銷，由原審法院依判決前之程序更為審判，但不得諭知較重於原確定判決之刑。（刑訴§447 I ①、447 II、448）
	② 訴訟程序違背法令者，撤銷其程序，但其效力不及於被告，不就該案件另行判決。（刑訴§447 I ②、448）

刑事訴訟法第441條之審判違背法令，包括判決違背法令及訴訟程序違背法令，後者係指判決本身以外之訴訟程序違背程序法之規定，與前者在理論上雖可分立，實際上時相牽連。第二審所踐行之訴訟程序違背同法第379條第1項第7款、第284條之規定，固屬判決前之訴訟程序違背法令。但非常上訴審就個案之具體情形審查，如認判決前之訴訟程序違背被告防禦權之保障規定，致有依法不應為判決而為判決之違誤，顯然於判決有影響者，該確定判決，即屬判決違背法令。案經上訴第三審，非常上訴審就上開情形審查，如認其違法情形，第三審法院本應為撤銷原判決之判決，猶予維持，致有違誤，顯然影響於判決者，應認第三審判決為判決違背法令。（91年台非字第152號判決）

【刑事訴訟法第379條第1項第7款】

有左列情形之一者，其判決當然違背法令：

……

七、依本法應用辯護人之案件或已經指定辯護人之案件，辯護人未經到庭辯護而逕行審判者。

……

【刑事訴訟法第284條】

第31條第1項所定之案件無辯護人到庭者，不得審判。但宣示判決，不在此限。

1 執行程序

　　有罪判決確定後，法院會將案件移交給原管轄的地方法院檢察官執行。但是若卷宗多在上級法院，為了方便執行，則由上級法院之檢察官指揮執行。

　　裁判執行，除了依據刑事訴訟法外，常見者還包括下列規定，藉國家公權力，以實現確定裁判之內容：

- 監獄行刑法
- 行刑累進處遇條例
- 外役監條例
- 保安處分執行法

　　裁判執行的內容可分為下列兩大類：

■刑罰之執行

　　包括死刑、徒刑、拘役、罰金等主刑，或從刑褫奪公權。

■保安處分之執行

　　包括感化教育、監護、禁戒、強制工作、保護管束、強制治療、驅逐出境等保安處分之執行。

實務見解 美籍 DJ 巧克力遭驅逐出境案

　　美籍DJ巧克力（本名馬查理）曾在電台擔任DJ，並與臺灣女子結婚，但是他的妻子控訴其行為不檢與其他女子亂來，還染上性病，將性病傳染給她。雖然巧克力表示其來臺之前非常健康，但將其法定傳染病傳染給她人的結果，已經違反了入出國及移民法，而遭警方強制驅逐出境。

【入出國及移民法】

　　外國人有下列情形之一者，入出國及移民署得禁止其入國：患有足以妨害公共衛生或社會安寧之傳染病、精神疾病或其他疾病。（第18條第1項第8款）

　　外國人有下列情形之一者，入出國及移民署得強制驅逐出國，或限令其於10日內出國，逾限令出國期限仍未出國，入出國及移民署得強制驅逐出國：入國後，發現有第18條第1項及第2項禁止入國情形之一。（第36條第2項第1款）

實務見解 王清峰與死刑犯

　　王清峰擔任法務部長時，公開發表「理性與寬恕」一文，首度以部長身分明確表達主張應暫停執行死刑，認為死刑是最危險的刑罰，殺人無法償命，只會造成另一個家庭的傷害。但是，最後在社會輿論壓力之下，只好黯然下台，但也重啟死刑政策之公聽會。

2 刑的種類

依我國刑法的規定，有罪判決所應科處的刑責，包含「主刑」跟「從刑」二種。

▶ 主刑，包括下列幾種類型：（刑§33）

- 死刑
- 無期徒刑
- 有期徒刑：2月以上15年以下。但遇有加減時，得減至2月未滿，或加至20年。
- 拘役：1日以上，60日未滿。但遇有加重時，得加至120日。
- 罰金：新臺幣1千元以上，以百元計算之。

▶ 從刑：

- 褫奪公權：指剝奪其為公務員及為公職候選人的資格。（刑§36）法院於裁判時，會依下列規定一併宣告：

  1. 死刑或無期徒刑者，宣告褫奪公權終身。
  2. 宣告1年以上有期徒刑，依犯罪之性質認為有褫奪公權之必要者，宣告1年以上10年以下褫奪公權。

  褫奪公權之宣告，自裁判確定時發生效力。依第2項宣告褫奪公權者，其期間自主刑執行完畢或赦免之日起算。但同時宣告緩刑者，其期間自裁判確定時起算。（刑§37）

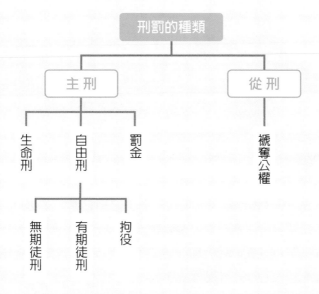

補充說明：刑法於105年最新修法，沒收不再屬於從刑之一，亦可
獨立宣告。

* 沒收

　法院會宣告沒收的東西包括：

　1. 違禁物：譬如非法持有的槍械。

　2. 供犯罪所用或犯罪預備之物：譬如殺人用的刀、妨礙秘密用
　　 的監視器材。

　3. 因犯罪所生或所得之物：譬如無人認領的贓物。（刑 §38）

3 易科罰金、易服勞役及易以訓誡

▶ 易科罰金

犯最重本刑為5年以下有期徒刑以下之刑之罪，而受6個月以下有期徒刑或拘役之宣告者，得以新臺幣1千、2千或3千元折算1日，易科罰金。但確因不執行所宣告之刑，難收矯正之效，或難以維持法秩序者，不在此限。（刑§41Ⅰ）

實務上，常發生有許多人因為繳不出錢來只好入獄服刑之案例，與當初訂立易科罰金之意旨並不相符。因此，增設社會勞動之規定，其類型如下：（刑§41Ⅱ、Ⅲ）

類型	要件	效果	不履行情節重大或履行期間屆滿仍未履行完畢
一	刑法第41條第1項規定，得易科罰金而未聲請易科罰金者	得以提供社會勞動6小時折算1日，易服社會勞動。	應執行原宣告刑或易科罰金（刑§41Ⅵ）
二	受6個月以下有期徒刑或拘役之宣告，不符刑法第41條第1項之規定者	得以提供社會勞動6小時折算1日，易服社會勞動。	應執行原宣告刑。（刑§41Ⅵ）

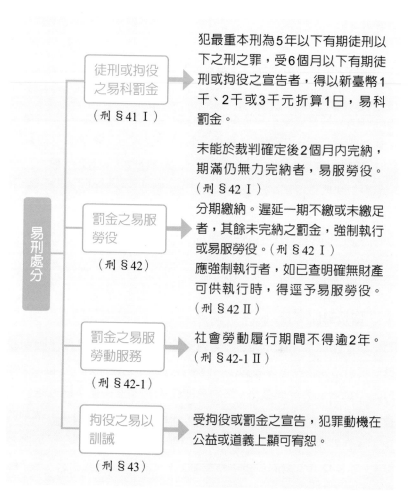

徒刑或拘役
之易科罰金
（刑§41Ⅰ）

犯最重本刑為5年以下有期徒刑以
下之刑之罪，受6個月以下有期徒
刑或拘役之宣告者，得以新臺幣1
千、2千或3千元折算1日，易科
罰金。

易刑處分

罰金之易服
勞役
（刑§42）

未能於裁判確定後2個月內完納，
期滿仍無力完納者，易服勞役。
（刑§42Ⅰ）
分期繳納。遲延一期不繳或未繳足
者，其餘未完納之罰金，強制執行
或易服勞役。（刑§42Ⅰ）
應強制執行者，如已查明確無財產
可供執行時，得逕予易服勞役。
（刑§42Ⅱ）

罰金之易服
勞動服務
（刑§42-1）

社會勞動履行期間不得逾2年。
（刑§42-1Ⅱ）

拘役之易以
訓誡
（刑§43）

受拘役或罰金之宣告，犯罪動機在
公益或道義上顯可宥恕。

第九篇 執行程序

　　類型二的情況，即使所犯是5年以下有期徒刑以外之重罪，只有是受6個月以下有期徒刑或拘役之宣告，都可以易服社會勞動。

　　上述社會勞動之履行期間，不得逾1年。（刑§41Ⅴ）其次，因身心健康之關係，執行顯有困難者，或確因不執行所宣告之刑，難收矯正之效或難以維持法秩序者，則不得易服社會勞動。（刑§41Ⅳ）

臺南市議長黃郁文因涉及恐嚇及妨害自由罪，被判刑8個月15天，因獲減刑之故，降至6個月以下。黃郁文被判刑確定後，承辦檢察官曾上簽呈「不准易科罰金，應發監執行」，南檢檢察長亦明確指示，指黃郁文身為議長應為民表率，卻涉及恐嚇取財，「應比照臺南縣議長吳健保，不准易科罰金」。但是，執行科檢察官認為是否易科罰金是其職權，仍堅持將之易科罰金，引發社會譁然。

◉ 易服勞役

一、罰金易服勞役

罰金應於裁判確定後2個月內完納。期滿而不完納者，強制執行。其無力完納者，易服勞役。但依其經濟或信用狀況，不能於2個月內完納者，得許期滿後1年內分期繳納。遲延一期不繳或未繳足者，其餘未完納之罰金，強制執行或易服勞役。（刑§42 I）依前項規定應強制執行者，如已查明確無財產可供執行時，得逕予易服勞役。（刑§42 II）易服勞役以新臺幣1千、2千或3千元折算1日。但勞役期限不得逾1年。（刑§42 III）

罰金受刑人中，無力一次完納或一時無力完納者，在實務上，時有所見。我國關於罰金執行，准許分期繳納，試行有年，頗有績效。對於無力完納者，則易服勞役。罰金逾裁判確定2個月不完納者，必須經強制執行程序，確屬無力完納，逕予易服勞役，徒增不必要之勞費並耗費時日。

刑法第33條第5款修正後，罰金刑已為新臺幣1千元以上，罰金易服勞役之標準，應與之相配合。故易服勞役修正為以1千、2千或3千元折算1日，由審判者依具體案情斟酌決定之。

二、罰金易服勞役之易服社會勞動

罰金易服勞役，得以提供社會勞動6小時折算1日，易服社會勞動，社會勞動之履行期間不得逾2年，無正當理由不履行社會勞動，情節重大，或履行期間屆滿仍未履行完畢者，執行勞役。（刑§42-1Ⅰ、Ⅱ、Ⅲ）

三、罰金易服勞役之不得易服社會勞動情況

罰金易服勞役，若有下列情形之一者，不得易服社會勞動：

㈠易服勞役期間逾1年。

㈡應執行逾6月有期徒刑或併科之罰金。

㈢因身心健康之關係，執行社會勞動顯有困難。（刑§42-1Ⅰ）

▶ 易以訓誡

受拘役或罰金之宣告，而犯罪動機在公益或道義上顯可宥恕者，得易以訓誡。（刑§43）

◎ 什麼是緩刑？

　　法院判決被告有罪後，認為暫時不對被告執行刑罰較為適當，於符合一定條件下，可以於判決主刑的時候，一併宣告給予被告緩刑，譬如宣告：「處有期徒刑10月，緩刑2年。」

◎ 宣告緩刑的條件

　　被告要聲請法院宣告緩刑，前提是必須符合下列的條件：

1. 法院判決被告的刑度為2年以下有期徒刑、拘役或罰金。

　　宣告緩刑的案件並沒有犯罪類型的限制，只要該罪的法定最低刑度在2年有期徒刑以下，都有機會讓法院做出2年以下有期徒刑的判決。甚至法定最低刑度在2年有期徒刑以上的罪，透過減刑，也有可能符合此條件。

　　此外，如果是12歲以上未滿18歲的少年犯，只要受3年以下有期徒刑、拘役或罰金的宣判，即有機會宣告緩刑。

2. 未曾因故意犯罪受有期徒刑以上刑之宣告或前因故意犯罪受有期徒刑以上刑之宣告，執行完畢或赦免後，5年以內未曾因故意犯罪受有期徒刑以上刑之宣告。

3. 認為以暫不實行為適當者。

● 法院緩刑之參考標準

為此，司法院訂定了「法院加強緩刑宣告實施要點」，其中第2條規定：法官對符合刑法第74條和少年事件處理法第79之被告，依犯罪情節及犯後之態度，足信無再犯之虞，且有下列情形之一者，就可認為以暫不執行為適當，並予宣告緩刑：

項目	內容	項目	內容
1	初犯。	2	因過失犯罪。
3	激於義憤而犯罪。	4	非為私利而犯罪。
5	自首或自白犯罪，且態度誠懇或因而查獲其他共犯或重要物證。	6	犯罪後因向被害人或其家屬道歉，出具悔過書或給付合理賠償，經被害人或其家屬表示宥恕。
7	犯罪後入營服役。	8	現正就學中。
9	身罹疾病必須長期醫療，顯不適於受刑之執行。	10	如受刑之執行，將使其家庭生活陷於困境。
11	依法得免除其刑，惟以宣告刑罰為適當。	12	過境或暫時居留我國之外國人或居住國外之華僑。

因此，如果被告犯罪情節輕微，事後態度良好並坦承犯罪，一般法官都會給予被告自新的機會。但是在有被害人的案件中，有時候卻是取決於被害人的意願，尤其被告是不是已經跟被害人或其家屬達成和解，常常成為法官決定是否給予緩刑的重要參考指標。所以，在有被害人的案件中，被告如果想求得緩刑自新的機會，有必要時，建議還是花錢消災，儘快與被害人達成和解。

▶ 附條件之緩刑

此外，為了使被告知所警惕，並讓被害人也能接受緩刑的結果，法官可以在宣告緩刑時，同時命被告在一定期間內遵守或履行右頁圖表事項。

其中，義務勞務對於人力較缺乏的公益團體，有如在寒冬中注入一股暖流，例如協助身心障礙兒童做復健、幫忙學校單位整理環境，讓學童有更佳的學習環境，也有受刑人是機車行老闆，發揮其專長於家扶中心協助受扶助家庭從事機車健檢，甚至有些個案在執行完畢後，仍志願繼續擔任執行機構志工，讓社區處遇的功效發揮極致，這都應歸功各位無私付出，扮演社會淨化之推手，功不可沒。

▶ 緩刑的效力

在緩刑期間內，被告暫緩入監服刑，可過著跟以往相同的生活，所以許多人事法令都把「宣告緩刑」當作是不予任用的除外條件。

譬如公務人員任用法第28條第1項第5款規定，被判處有期徒刑以上之刑確定，尚未執行或執行未完畢者，就不能任用為公務員，但如果同時受緩刑宣告的話，就沒有此規定的適用。

而緩刑期滿，且緩刑的宣告沒有被撤銷的話，則法院原先對被告所為刑之宣告就會失去效力。

項目	內容	項目	內容
1	向被害人道歉。	2	立悔過書。
3	向被害人支付相當數額之財產或非財產上之損害賠償。	4	向公庫支付一定之金額。
5	向指定政府機關、政府機構、行政法人、社區或其他符合公益目的之機構或團體，提供40小時以上240小時以下之義務勞務。	6	完成戒癮治療、精神治療、心理輔導或其他適當之處遇措施。
7	保護被害人安全之必要命令。	8	預防再犯所為之必要命令。

（參見刑法§74Ⅱ、少年事件處理法§79）

其中，第2項第3款及第4款還可以直接聲請民事法院強制執行，以確保被告不會「食言」。（刑§74Ⅳ）

緩刑之效力不及於從刑、保安處分及沒收之宣告。（刑§74Ⅴ）

▶ 緩刑宣告的撤銷

宣告緩刑後，被告就不用執行主刑，但這只是「留校察看」狀態而已，如果法院發現被告有下列情形，仍然可以撤銷緩刑：

項目	內容	項目	內容
1	緩刑期內因故意犯他罪，而在緩刑期內受逾6月有期徒刑之宣告確定者。	2	緩刑前因故意犯他罪，而在緩刑期內受逾6月有期徒刑之宣告確定者。
3	緩刑前因故意犯他罪，而在緩刑期內受6月以下有期徒刑、拘役或罰金之宣告確定，足認原宣告之緩刑難收其預期效果，而有執行刑罰之必要者。	4	緩刑期內因故意犯他罪，而在緩刑期內受6月以下有期徒刑、拘役或罰金之宣告確定，足認原宣告之緩刑難收其預期效果，而有執行刑罰之必要者。
5	緩刑期內因過失更犯罪，而在緩刑期內受有期徒刑之宣告確定者，足認原宣告之緩刑難收其預期效果，而有執行刑罰之必要者。	6	違反刑法第74條第2項第1款至第8款所定負擔情節重大，足認原宣告之緩刑難收其預期效果，而有執行刑罰之必要者。

（參見刑§75、75-1）

撤銷緩刑宣告的情形

罪名	條號	條文內容	
刑法 §75	緩刑 期內	因故意犯他罪,而在緩刑期內受逾6月有期徒刑之宣告確定者。	放了你,居然還是犯重罪。
	緩刑前	因故意犯他罪,而在緩刑期內受逾6月有期徒刑之宣告確定者。	原來你真的很壞,以前犯重罪,現在才發現。
刑法 §75-1	緩刑前	因故意犯他罪,而在緩刑期內受6月以下有期徒刑、拘役或罰金之宣告確定者。	原來你以前還有其他罪,看來緩刑對你應該沒效。
	緩刑 期內	因故意犯他罪,而在緩刑期內受6月以下有期徒刑、拘役或罰金之宣告確定者。	放了你居然還犯輕罪。
		因過失更犯罪,而在緩刑期內受有期徒刑之宣告確定者。	居然過失更犯罪,看來緩刑對你無效。
	違反第74條第2項第1款至第8款所定負擔情節重大者。(參照第301頁)		
	足認原宣告之緩刑難收其預期效果。(刑§75-1之共同要件)		

5 假釋

受刑人入獄後，多久才能出來？這可比當兵數饅頭算日子還更要斤斤計較，多關1分鐘也不行！但如果能提早重見天日，相信沒有受刑人會反對。

假釋就是讓受刑人提早「畢業」的方式，但要獲得假釋，必須受刑人在監獄內表現良好，讓人可以相信他確實已經改過向善，沒有再犯的危險。而立法者往往也會因為這些假釋犯日後在社會的表現，而考慮提高或降低假釋的門檻，或對假釋犯進行控管。

▶ 電子監控

法務部為了加強對假釋犯的控管，已經在95年11月花了2千多萬元建置一套「RFID科技設備監控系統」，又稱為「電子手銬、腳鐐」，主要是給性侵害假釋犯配戴，限制他們在一定時間（譬如晚上）內必須乖乖待在受監控的處所，受監控的假釋犯無法自行拔除，如果強行破壞或者離開受監控處所，監控系統就會立即通報地檢署跟觀護人前往處理。

▶ 假釋的條件

受刑人入監服刑後，想要早點出來外面呼吸新鮮的空氣，必須要符合下列的假釋條件：

1. 服刑期間的限制。

   ①無期徒刑必須超過25年。

   ②有期徒刑必須超過刑期1/2。

   ③累犯必須超過刑期2/3。

2. 監獄管理人員認定受刑人已經改過向善，有「悛悔實據」。

3. 排除條款，有期徒刑的受刑人，如果有下列情形，則不准假釋：

   ①服刑未滿6個月。

   ②犯最輕本刑5年以上有期徒刑之罪的累犯，於假釋期間，受徒刑之執行完畢，或一部之執行而赦免後，5年以內故意再犯最輕本刑為5年以上有期徒刑之罪。

   ③犯刑法第91-1條所列之妨害性自主罪，於徒刑執行期間接受輔導或治療後，經鑑定、評估其再犯危險尚未顯著降低。如華岡之狼案，歷經8次申請假釋，最後才成功。（刑§77Ⅰ、Ⅱ）

▶ 羈押日數之計算

至於裁判前羈押的日數，如果是被判有期徒刑，全部都可以算入已執行的期間內；如果是無期徒刑，則必須是超過1年後的羈押日數，才能算入。（刑法§77Ⅲ）

譬如受刑人被判處10年有期徒刑，裁判確定前已經被羈押整整1年，10年×1/2 － 1年＝4年，則他至少要在監獄中待上4年以上，才有機會假釋出獄。（刑§77）

然而，假釋還必須受到「行刑累進處遇條例」的限制，依照該條例第13條規定，受刑人共分成4級，剛進去為第4級，要到第2級以上，監獄才可能幫受刑人報請假釋，但要爬到第2級，至少要8個月。因此，假釋對於刑期較短的受刑人而言，並沒有太大意義。

▶ 假釋的效力與撤銷

假釋期間，受刑人就會被釋放，但這只是讓受刑人暫時重獲自由而已，受刑人在假釋期間必須安分守己，如果受刑人在假釋期間內又故意犯罪，而受有期徒刑以上刑的宣告，則法務部會在判決確定後6個月內，撤銷假釋。（刑§78 I）

受刑人就必須重回監獄服完剩下的刑期，且假釋後的出獄日數都不算入刑期內。（刑§78 II）

以前在監獄所累積的優良績效也都作廢，還必須從「行刑累進處遇條例」的第4級重新開始，以後想再報請假釋獲准，更是難上加難。

如果在假釋期間又犯罪，應該注意下列事項，不要被錯誤的資訊給騙了：

- 只有成立刑法上的「故意犯」，且被判決有期徒刑、無期徒刑或死刑確定，才會被撤銷假釋，如果只是成立刑法上的「過失犯」，則假釋不會被撤銷。例如車禍不小心撞傷人，成立過失傷害罪。
- 假釋期滿超過3年後，假釋中的故意犯罪才經法院判決確定，假釋也不會被撤銷。（刑§78 I）

▶ 要假釋多久？

受刑人假釋後，只要在下列期間內不被撤銷假釋，也沒有因為假釋中故意犯罪而被撤銷假釋的情形，就真的不用再入監服刑了：（刑訴§79Ⅰ）

- 無期徒刑：20年內。
- 有期徒刑：所餘的刑期內。

但假釋中如果因他案而受刑的執行、羈押或其他依法拘束人身自由的期間，除非日後被不起訴處分或被判無罪，否則都不算入假釋期間。（刑訴§79Ⅱ）

看電影讀法律

【電影分享：刺激1995】

知名的電影「刺激1995」，描述銀行家被控殺妻含冤入獄，遭判處無期徒刑，在獄中憑藉著其專業替典獄長洗錢，也因此換到了許多一般囚犯所不能享受的特權，最後在獄中發現某位新進的犯人能證明妻子非其所殺害。銀行家幻想著可以洗刷其清白，但典獄長不希望其出獄，遂將該名新進人犯殺害，銀行家遂展開其逃亡計畫。

劇中有許多關了數十年的人犯，出獄之後，雖然政府大多有協助安排找工作，但假釋後難以融入這個社會，於是自殺的比例相當高，這也是「刺激1995」電影帶給人們對於假釋制度的省思。

6
刑事補償

刑事補償法原名冤獄賠償法。

還記得前市議員王育誠自導自演「腳尾飯」，以模擬演出的方式，讓看到影片的民眾誤以為某間店家的飯菜都是來自於殯儀館使用後的食物。或許是為了讓畫面更加逼真，而偷偷地拍攝了這些店家，導致店家生意一落千丈，即使事後真相大白，但是殘留在民眾對於這些店家的陰影卻難以抹滅。

上面提到的是店家的商譽，如果是被誣指犯罪，則國家司法機器動輒以羈押的方式讓民眾失去自由。曾有一起案件，案情是某黃姓男子遭人陷害涉犯強盜殺人案，被判8次死刑，最後終獲判無罪定讞，前前後後總共遭羈押111個月。洗刷冤屈後，黃姓男子聲請冤獄賠償，臺灣高等法院決定賠償他新臺幣1693萬元，創下司法史上冤獄賠償的新高。

但是金錢真的能喚回所失去的自由嗎？

即使經過三級三審確定後，難免還是會有冤獄產生，對於一個被誤認為犯罪者的人而言，可能一生都被毀了。這些遭受冤獄者，也是另一種國家公權力機制運作下的被害人，我國特別制定刑事補償法（原冤獄賠償法），透過金錢補償的方式儘量彌補冤獄者的痛苦。

▶ 你可以請求刑事補償嗎？

依刑事訴訟法、軍事審判法或少年事件處理法受理之案件，具有下列情形之一者，受害人得請求國家補償：（刑事補償法§1）

1. 因行為不罰或犯罪嫌疑不足而經不起訴處分或撤回起訴、受駁回起訴裁定或無罪之判決確定前，曾受羈押、鑑定留置或收容。
2. 依再審、非常上訴或重新審理程序裁判無罪、撤銷保安處分或駁回保安處分聲請確定前，曾受羈押、鑑定留置、收容、刑罰或拘束人身自由保安處分之執行。
3. 因無付保護處分之原因而經不付審理或不付保護處分之裁定確定前，曾受鑑定留置或收容。
4. 因無付保護處分之原因而依重新審理程序裁定不付保護處分確定前，曾受鑑定留置、收容或感化教育之執行。
5. 羈押、鑑定留置或收容期間，或刑罰之執行逾有罪確定裁判所定之刑。
6. 羈押、鑑定留置或收容期間、刑罰或拘束人身自由保安處分之執行逾依再審或非常上訴程序確定判決所定之刑罰或保安處分期間。
7. 非依法律受羈押、鑑定留置、收容、刑罰或拘束人身自由保安處分之執行。

依前條法律受理之案件，有下列情形之一者，受害人亦得依本法請求國家補償：（刑事補償法§2）

1. 因行為不罰或犯罪嫌疑不足以外之事由而經不起訴處分或撤回起訴前，曾受羈押、鑑定留置或收容，如有證據足認為無該事由即應認行為不罰或犯罪嫌疑不足。
2. 免訴或不受理判決確定前曾受羈押、鑑定留置或收容，如有證據足認為如無該判決免訴或不受理之事由即應為無罪判決。
3. 依再審或非常上訴程序判決免訴或不受理確定前曾受羈押、鑑定留

置、收容、刑罰或拘束人身自由保安處分之執行，如有證據足認為無該判決免訴或不受理之事由即應為無罪判決。

4. 因同一案件重行起訴或曾經判決確定而經不起訴處分、免訴或不受理判決確定前，曾受羈押、鑑定留置或收容，且該同一案件業經判決有罪確定。

5. 因同一案件重行起訴或曾經判決確定，依再審或非常上訴程序判決免訴或不受理確定前，曾受羈押、鑑定留置、收容、刑罰或拘束人身自由保安處分之執行，且該同一案件業經判決有罪確定。

6. 因死亡或刑法第19條第1項規定之事由而經不付審理或不付保護處分之裁定確定前，曾受鑑定留置或收容，如有證據足認為無該事由即應認無付保護處分之原因。

◉ 刑事補償之排除條款

冤獄賠償法第1、2條之人，有下列情形之一者，不得請求補償：(刑事補償法§3)

1. 因刑法第18條第1項或第19條第1項規定之事由而受不起訴處分或無罪判決時，如有證據足認為無該事由即應起訴或為科刑、免刑判決。

2. 因判決併合處罰之一部受無罪之宣告，而其他部分受有罪之宣告時，其羈押、鑑定留置或收容期間未逾有罪確定裁判所定之刑、拘束人身自由保安處分期間。

補償請求之事由係因受害人意圖招致犯罪嫌疑，而為誤導偵查或審判之行為所致者，受理補償事件之機關得不為補償。(刑事補償法§4Ⅰ)前項受害人之行為，應經有證據能力且經合法調查之證據證明之。(刑事補償法§4Ⅱ)

▶ 如何撰寫刑事補償聲請狀？

刑事補償聲請書

聲請補償之標的：新臺幣○○○元整

聲請人即受害人：○○○

身分證字號：A123456789

性別：男　　職業：失業中

住址：○○市○○路○○號

為聲請刑事補償事

應受決定事項之聲明：

聲請人於無罪判決確定前，受羈押○○日，准予<u>補償新臺幣○○○元</u>。

> 受羈押日數，乘以每日羈押所受到的損害金額，計算出請求賠償之總金額

事實及理由

一、經查聲請人前因被枉涉○○○案件，於民國（以下同）○○年○月○日，遭臺灣○○地方法院以○○年度○字第○○○號裁定羈押，直至○○年○月○日，始經臺灣○○地方法院於○○年○月○日為○○年度○字第○○○號之無罪判決（證一），並准予保釋停止羈押，故聲請人共計受羈押○日。嗣後檢察官雖提起上訴，亦經○○法院於○○年○月○日以○○年度○字第○○○號判決駁回（證二），全案因而無罪確定。

> 說明開始羈押日至停止羈押日，羈押之總日數

> 說明本案判決已經確定

（續下頁）

（承上頁）

二、次查聲請人於受羈押前，任職於○○科技股份有限公司，無故蒙此不白之冤，不但遭公司革職，致聲請人冤獄期間平均每日受有相當於原工作日薪新臺幣（以下同）4千元（證三）之損害，且因此冤獄，使聲請人飽受莫大之羞辱，精神上之損害更是無可計量。

三、爲此依刑事補償法第1條第1項第1款之規定，於法定期間內提出刑事補償之聲請，懇請　鈞院明鑑，准予以5千元折算1日，賜如聲明所示賠償金額之決定，以維聲請人之權益，無任感禱。

此　　致
○○○○○法院　公鑒
證物名稱及件數：
證一、臺灣○○地方法院於○○年○月○日爲○○年度○字第○○○號判決影本1件。
證二、○○法院於○○年○月○日以○○年度○字第○○○號判決影本1件。
證三、○○年聲請人各月薪資影本1份。

具狀人：○○○　[印]

中　華　民　國　○　○　年　○　○　月　○　○　日

本案例中，冤獄賠償的計算標準，主要是參酌原工作的每日薪資計算，並兼顧聲請人精神上之損害

提出相關事證，主要是證明確實是冤獄，其次是每日損害賠償的計算證明。

　　以上補償的聲請，可以在受理補償機關做出決定前撤回，但一經撤回，就不能再聲請。

▶ 補償之標準

　　羈押、鑑定留置、收容及徒刑、拘役、感化教育或拘束人身自由保安處分執行之補償，依其羈押、鑑定留置、收容或執行之日數，以新臺幣3千以上5千元以下折算1日支付之。（刑事補償法§6Ⅰ）易服勞役執行之補償，準用第1項規定支付之。（刑事補償法§6Ⅲ）

　　罰金及易科罰金執行之補償，應依已繳罰金加倍金額附加依法定利率計算之利息返還之。（刑事補償法§6Ⅱ）

　　易服社會勞動執行之補償，依其執行折算之日數，以新臺幣750元以上1千5百元以下折算1日支付之。（刑事補償法§6Ⅳ）

　　沒收、追徵、追繳或抵償執行之補償，除應銷燬者外，應返還之；其已拍賣者，應支付與賣得價金加倍之金額，並附加依法定利率計算之利息。（刑事補償法§6Ⅴ）

　　死刑執行之補償，除其羈押依第1項規定補償外，並應按受刑人執行死刑當年度國人平均餘命計算受刑人餘命，以新臺幣5千元折算1日支付撫慰金。但其總額不得低於新臺幣1千萬元。（刑事補償法§6Ⅵ）江國慶冤獄案，遭刑求導致認罪性侵女童，民國100年9月13日再審無罪，軍事法院決定補償江家1億3百多萬元。

　　羈押、鑑定留置或收容之日數，應自拘提、同行或逮捕時起算。（刑事補償法§6Ⅶ）

▶ 補償請求之書狀

　　補償之請求，應以書狀記載下列事項，向管轄機關提出之：（刑事補償法§10）

1. 補償請求人姓名、性別、年齡、住所或居所。
2. 有代理人者，其姓名、性別、年齡、住所或居所。
3. 請求補償之標的。

4. 事實及理由，並應附具請求補償所憑之不起訴處分書、撤回起訴書，或裁判書之正本或其他相關之證明文件。
5. 管轄機關。
6. 年、月、日。

以下是請求支付刑事補償金之聲請狀範例：

刑事補償支付聲請狀

案號：○○　　　　　　　　股別：○○
聲請人：○○○　　　　　　住居所：○○○○○○

為請求支付刑事補償金事
請求之事項
依據○○○○○○法院○○年度賠字○○○號決定書，請求支付新臺幣○萬○仟○佰○拾○元。
事實及理由
一、聲請人前因○○○案件，於無罪確定前曾受羈押共○日。
二、無罪確定後曾聲請刑事補償，蒙決定補償新臺幣○萬○仟○佰○拾○元。
三、茲檢同戶籍謄本乙份，依刑事補償法第28條之規定聲請支付。

此致
○○ 法院　公鑒

證物名稱及件數

　　　　　　　　　　　　具狀人：○○○　[印]
　　　　　　　　　　　　撰狀人：○○○　[印]

中　華　民　國　○　○　年　○　○　月　○　○　日

第十篇
自　訴

1 自訴

　　李敖算是自訴的高手，幾乎任何訴訟都不假檢察官之手，自己蒐集證據、自己向法院提出告訴，無論是劉泰英、三一九槍擊案的承辦檢察官、立法院的立委同仁，讓人聞之色變。

　　所謂自訴，是指自訴人未經檢察官之偵查程序，而逕行請求法院確定被告罪刑之訴。大多數的公訴程序，都可以適用於自訴程序。

> **實務見解** 陳聰明狀告邱毅案
>
> 　　陳聰明曾於擔任檢察總長之際，針對李濤、邱毅二人評論有關魚翅宴之事件，自訴狀告二人誹謗罪。
>
> 　　為何陳聰明不向檢察官提出告訴？
>
> 　　蓋因其時任檢察總長，若透過檢察官進行偵查，若果真起訴，恐生操弄司法之嫌。故以其身分與處境，自然以提出自訴為宜。無論兩人間之誹謗官司孰是孰非，而後監察院通過對陳聰明之彈劾案，其因此下台，留下許多遺憾。

> **實務見解** 洪仲丘律師自訴
>
> 　　民國103年1月6日，疑似遭虐致死之洪仲丘案委任律師顧立雄，向桃園地院提出542旅人參官石永源提共同職權妨害自由自訴狀、軍醫官王邵中業務過失傷害自訴狀。

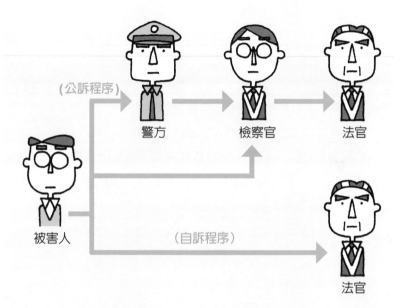

（公訴程序）

警方　　檢察官　　法官

被害人　　　　（自訴程序）

法官

公訴，是指檢察官代表國家，將犯罪涉嫌人起訴，白話的解釋是「由國家機關進行追訴」；自訴，則是指不透過檢察官，自行對被告向法院提出訴訟。

自訴的限制

- 不能對直系尊親屬或配偶提起。（刑訴§321）
- 已不得告訴或請求之案件。（刑訴§322）
- 同一案件經檢察官開始偵查。（刑訴§323 I）

但是若該案件屬於告訴乃論之罪，即使檢察官已經開始偵查，被害人仍然可以提起自訴。（刑訴§323 I但）

▶ 一定要請律師：強制律師代理制

實際上，除了李敖之外，還有許多幾乎可以稱之為「職業訴訟專家」，造成各法院充斥濫訴的現象。從某個角度觀察，自訴的條件過於寬鬆容易造成濫訴的結果；從另一個角度觀察，自訴權利的存在，卻是人民憲法上訴訟權利保障的具體實踐。

或許是某些人士到處亂告，造成訴訟資源的浪費。因此，我國刑事訴訟法對於自訴，要求一定要委任律師，由於律師費用一審通常4～8萬元不等，透過增加自訴人的訴訟成本，也就是「外部成本內部化」，或許能夠解決自訴氾濫的情況。

【刑事訴訟法第319條第2項】

前項自訴之提起，應委任律師行之。

所以，現在法院的自訴案件大幅度減少，過去有些熱情的民眾、法院的常客，只要是總統、副總統、五院院長，甚至於是他所接觸過的法官、檢察官，只要一不滿意通通都告的現象，業已不復存在。

畢竟過去對別人提起自訴的刑事官司幾乎沒有什麼成本，現在請位律師就要花好幾萬元，更不可能把所有人都提告，也解決許多名人遭到濫行自訴的困擾，也讓司法的資源不會被浪費。

◉ 被害人才可以提起自訴

Q：哪些人可以提起自訴呢？

A：只有犯罪的被害人才可以提起自訴。

但是有些案件，犯罪的被害人可能已經死亡、無行為能力人，或是限制行為能力人，仍可以由犯罪被害人的法定代理人、直系血親或配偶提起自訴。

所謂無行為能力人，是指未滿7歲的未成年人。心神喪失者也是屬於無行為能力人；限制行為能力人，是指7歲以上的未成年人。

法定代理人，例如父母是未成年子女的法定代理人、監護人為受監護人的法定代理人。

【刑事訴訟法第319條第1項】

犯罪之被害人得提起自訴。但無行為能力或限制行為能力或死亡者，得由其法定代理人、直系血親或配偶為之。

自訴狀（範例）

自訴人：陳大毛　　　　　住居所：○○○
自訴代理人：莊阿發律師
被告：邱易　　　　　　　住居所：○○○

為被告涉犯加重誹謗罪，依法提起自訴事

一、查被告於○年○月○日在TMB節目中，以自訴人喜好與政
　　商名流享用魚翅宴為題，公然向民眾捏造子虛烏有之事實，
　　嚴重影響自訴人之名譽，涉嫌觸犯刑法第310條之誹謗罪：
　　「意圖散布於眾，而指摘或傳述足以毀損他人名譽之事者，
　　為誹謗罪，處1年以下有期徒刑、拘役或1萬5千元以下罰
　　金。」

二、按刑事訴訟法第319條第1項規定：「犯罪之被害人得提起自
　　訴。」查自訴人為被告涉犯誹謗罪之直接被害人，爰依上開
　　條文規定提出自訴，懇請鈞院鑒核，就被告涉犯法條依法判
　　決，以維權益，並懲不法。

謹狀
臺灣臺北地方法院刑事庭　公鑒
相關證物：
○年○月○日○○節目錄影光碟乙片。

　　　　　　　　　　　　　　　自　訴　人：陳大毛　　㊞
　　　　　　　　　　　　　　　自訴代理人：莊阿發律師　㊞
中　華　民　國　○　○　年　○　○　月　○　○　日

刑事撤回自訴狀

自訴人：陳大毛　　　　　　住居所：○○○

自訴代理人：莊阿發律師

被告：邱易　　　　　　　　住居所：○○○

為撤回自訴事

自訴人自訴被告○○○之×××案（○○年度字第○○○○號）
正由貴院審理中，自訴人因已與被告於案外和解，不願再多訴
究，而本件為告訴乃論之罪，因此依刑事訴訟法第325條第1、2
項規定，具狀撤回自訴。

此致

○○ 法院　公鑒

證物名稱及件數：和解書乙件

　　　　　　　　　　　　　　自　訴　人：陳大毛　印

　　　　　　　　　　　　　　自訴代理人：莊阿發　印

中　華　民　國　○　○　年　○　○　月　○　○　日

2 自訴不可分

　　自訴不可分，因自訴準用公訴之規範，故自訴人就犯罪事實一部起訴者，其效力及於全部（刑訴§343準用267），其要件與公訴不可分相同，均須具備：起訴與未起訴部分均為有罪，且均具備訴追條件。

　　惟自訴不可分與公訴不可分仍有所區別，依據刑事訴訟法第319條第3項之規定：「犯罪事實之一部提起自訴者，他部雖不得自訴亦以得提起自訴論。但不得提起自訴部分係較重之罪，或其第一審屬於高等法院管轄，或第321條之情形者，不在此限。」

　　因此，原則上單一性案件一部得自訴、一部不得自訴，全部皆得自訴。例如單純保護國家、社會法益的犯罪，並無被害人，或是自訴章所規定不得自訴的情形（刑訴§322～323），惟在例外情形，不得自訴部分屬於刑事訴訟法第319條第3項但書所列情形時，「全部」不得自訴。如此亦可達到限制自訴的目的。

自訴不可分之要件與例外

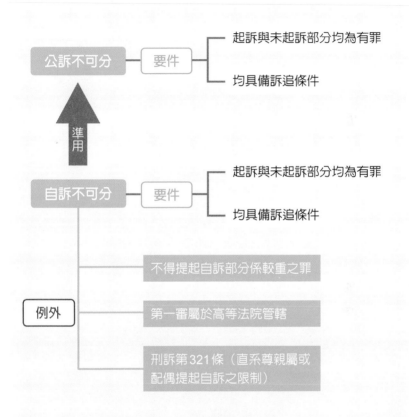

公訴不可分 — 要件
- 起訴與未起訴部分均為有罪
- 均具備訴追條件

準用

自訴不可分 — 要件
- 起訴與未起訴部分均為有罪
- 均具備訴追條件

例外
- 不得提起自訴部分係較重之罪
- 第一審屬於高等法院管轄
- 刑訴第321條（直系尊親屬或配偶提起自訴之限制）

【刑事訴訟法第321條】

對於直系尊親屬或配偶，不得提起自訴。

第十一篇
刑事附帶民事訴訟

1 刑事附帶民事訴訟

▶ 什麼是刑事附帶民事訴訟

刑事附帶民事訴訟程序，乃是指因為犯罪而受有損害的人，在刑事訴訟程序中，附帶提起民事訴訟，請求回復原狀或損害賠償。由於犯罪者往往會產生民事及刑事的雙重責任，為了讓犯罪受害人不必雙重應訴，法院也可以避免重複審判，節省精力與費用，才有此一制度之產生。

▶ 原則免納裁判費

刑事附帶民事訴訟（刑訴§487～512），須於檢察官起訴或被害人提起自訴，也就是刑事案件已經繫屬於第一審法院後，才能提起。必須特別注意的一件事，提起刑事附帶民事訴訟並不需要繳納裁判費，對於刑事案件的受害人，可以減輕不小負擔。

如果法院認為案情複雜，而將民事部分移送民事庭審理，也不用繳納裁判費。但是，如果有追加擴張請求範圍，則就必須在追加擴張的範圍內繳交裁判費。

但免納裁判之優惠僅限民事第一審，該附帶民事訴訟敗訴之一方，無論是原告或被告，如欲上訴仍應徵納第二審裁判費用。

▶ 刑事為民事參考依據

刑事案件判決被告有罪時，通常都會裁定移送民事庭繼續審理，不會直接就刑事附帶民事訴訟判決賠償金額。如果刑事案件上訴第二審，刑事附帶民事訴訟仍留在第一審法院民事庭，審理速度大多會放慢，以待刑事案件的判決結果，以作為民事判決的參考依據。

刑事無罪，並不代表民事上不必負擔責任。因為，刑事的成立較為困難，例如美國著名的足球明星辛浦森殺妻案，刑事判決無罪，可是民事賠到破產。

▶ 怎麼撰寫刑事附帶民事訴狀

基本上，刑事附帶民事訴訟狀的寫法與一般民事訴訟的訴狀差不多，只是必須註明刑事案件已經起（上）訴。另外，還需要特別注意的情況，為了避免日後因為被告判決無罪、免訴或不受理之判決等情形而將刑事附帶民事訴訟駁回，再重新起訴時，會面臨時效抗辯風險，可以在起訴狀中，或另外以聲請狀請求移送民事庭審理。

接著以車禍事件為例，提供刑事附帶民事的起訴狀範例如下：

（續下頁）

刑事附帶民事訴訟起訴狀

案號：○○

股別：○○

訴訟標的金額或價額：○○

原告：○○○　　　　住居所：○○○○○○

被告：○○○　　　　住居所：○○○○○○

為被告涉嫌○○案件，謹提起刑事附帶民事訴訟事

訴之聲明：

一、被告應給付原告新臺幣（下同）○○元，及自起訴狀繕本送達翌日起至清償日止，按年利率百分之○計算之利息。

二、原告願供擔保，請准宣告假執行。

事實及理由：

一、被告於民國（下同）○○年○○月○○日下午○時○分，駕駛車號○○○-○○○之自小客車，沿忠孝東路往東行駛，行經光復南路口時，應注意能注意而不注意，竟闖紅燈，追撞沿光復南路往北行駛機車之○○○，導致○○○左腿骨折及機車毀損之結果。而被告涉嫌過失致傷之案件，業經 鈞院○○年度○○字第○○號案審理中。

二、被告○○○上開過失行為，導致原告受有損害，依據民法第184、191-2條等規定請求侵權行為損害賠償。

三、原告請求之明細如下：

㈠醫療費用……。（證一）

㈡汽車修理費用：……。（證二）

㈢慰撫金：……。

以上總計○○元。

四、爰此懇請 鈞院鑒核，賜准判如訴之聲明，以維權利，實感德便。

此致

○○地方法院 公鑒

證物名稱及件數

一、○○。

二、○○。

具狀人：○○○ 印

中 華 民 國 ○ ○ 年 ○ ○ 月 ○ ○ 日

前文提到為避免時效抗辯風險，可以在起訴狀中，或另外以聲請狀請求如刑事訴訟諭知無罪、免訴或不受理判決時，請仍將附帶民事訴訟移送民事庭審理。以下提供聲請移送民事庭訴狀範例：

刑事附帶民事訴訟聲請狀

案號：○○

股別：○○

訴訟標的金額或價額：○○

原告：○○○　　　　　住居所：○○○○○○

被告：○○○　　　　　住居所：○○○○○○

為刑事附帶民事○○案件，謹聲請移送民事庭事

因本案○○發生迄今已近2年，而本刑事案審理迄今尚未能於短時間內結束，為免日後重新起訴恐罹於時效，懇請　鈞院鑒核，賜准於本案若諭知被告無罪、免訴、不受理或裁定駁回時，能將本○○事件，移送　鈞院民事庭審理。

此致

○○地方法院刑事庭　公鑒

證物名稱及件數

具狀人：○○○　　印

中　華　民　國　○　○　年　○　○　月　○　○　日

在檢察官提起公訴的案件中，被害人要在起訴之後，才得以提起附帶民事訴訟（刑訴§488）。但現在許多案件都是聲請簡易判決處刑，往往從起訴到判決，一晃眼就判決結束了。

有些當事人為了省裁判費，變成必須要再上訴，再提出附帶民事訴訟。如此一來，少了一個審級的利益。因此，若要提出刑事附帶民事的當事人，要特別注意提起的時間點。

國家圖書館出版品預行編目資料

圖解刑事訴訟：第一次打刑事官司就OK!
錢世傑 著 / 第四版.
臺北市：十力文化 / 2021.12
352 頁 / 尺寸：14.8*21公分
ISBN　978-986-06684-4-5（平裝）
1.刑事訴訟法 2.訴訟程序
586.2　　　　　　　　　110019483

法律館 S2109

圖解刑事訴訟：第一次打刑事官司就OK!（第四版）

作　　者	錢世傑
責任編輯	吳玉雯
封面設計	劉詠軒
書籍插圖	劉鑫鋒
美術編輯	林子雁
出 版 者	十力文化出版有限公司
發 行 人	劉叔宙
公司地址	11675 台北市文山區萬隆街45-2號
聯絡地址	11699 台北郵政93-357信箱
劃撥帳號	50073947
電　　話	(02)2935-2758
電子郵件	omnibooks.co@gmail.com

ISBN　978-986-06684-4-5

出版日期	2021年 12 月
版　　次	第四版第一刷
定　　價	480元

地址：

姓名：

十力文化出版有限公司　企劃部收

地址：台北郵政 93-357 號信箱

傳真：（02）2935-2758

E-mail：omnibooks.co@gmail.com

　　無論你是誰，都感謝你購買本公司的書籍，如果你能再提供一點點資料和建議，我們不但可以做得更好，而且也不會忘記你的寶貴想法喲！

姓名／　　　　　　　　　　性別／□女 □男　　生日／　　　年　　　月　　　日
聯絡地址／　　　　　　　　　　　　　　　　連絡電話／
電子郵件／

職業／□學生　　　　□教師　　　　□內勤職員　　□家庭主婦　　□家庭主夫
　　　□在家上班族　□企業主管　　□負責人　　　□服務業　　　□製造業
　　　□醫療護理　　□軍警　　　　□資訊業　　　□業務銷售　　□以上皆是
　　　□以上皆非　　□請你猜猜看
　　　□其他：

你為何知道這本書以及它是如何到你手上的？
　　　請先填書名：
　　　□逛書店看到　□廣播有介紹　　□聽到別人說　□書店海報推薦
　　　□出版社推銷　□網路書店有打折□專程去買的　□朋友送的　　□撿到的

你為什麼買這本書？
　　　□超便宜　　　□贈品很不錯　　□我是有為青年□我熱愛知識□內容好感人
　　　□作者我認識　□我家就是圖書館□以上皆是　　□以上皆非
　　　其他好理由：

哪類書籍你買的機率最高？
　　　□哲學　　　□心理學　　□語言學　　□分類學　　□行為學
　　　□宗教　　　□法律　　　□人際關係　□自我成長　□靈修
　　　□型態學　　□大眾文學　□小眾文學　□財務管理　□求職
　　　□計量分析　□資訊　　　□流行雜誌　□運動　　　□原住民
　　　□散文　　　□政府公報　□名人傳記　□奇聞逸事　□把哥把妹
　　　□醫療保健　□標本製作　□小動物飼養□和賺錢有關□和花錢有關
　　　□自然生態　□地理天文　□有圖有文　□真人真事
　　　請你自己寫：